PENSAR MEDIO ORIENTE

MARUAN SOTO ANTAKI

PENSAR MEDIO ORIENTE

TAURUS

PENSAMIENTO

Pensar Medio Oriente

Primera edición: mayo de 2016

D. R. © 2016, Maruan Soto Antaki

D. R. © 2016, de la presente edición en castellano para todo el mundo:
Penguin Random House Grupo Editorial, S. A. de C. V.
Blvd. Miguel de Cervantes Saavedra núm. 301, 1er piso,
colonia Granada, delegación Miguel Hidalgo, C. P. 11520,
México, D. F.

www.megustaleer.com

D. R. © diseño de cubierta: Penguin Random House / Daniel Bolívar

ISBN: 978-607-314-288-5

Impreso en México – *Printed in Mexico*

El papel utilizado para la impresión de este libro ha sido fabricado a partir de madera procedente
de bosques y plantaciones gestionadas con los más altos estándares ambientales, garantizando
una explotación de los recursos sostenible con el medio ambiente y beneficiosa para las personas.

Penguin
Random House
Grupo Editorial

Hemos triunfado sobre el plan de
expulsarnos de la historia.
MAHMOUD DARWISH

Si no nos detenemos en algún punto, si no aceptamos un compromiso poco feliz, poco feliz para ambos
lados, si no aprendemos a coexistir y contener nuestro
ya quemado sentido de injusticia. Si no aprendemos a
hacer eso, terminaremos en un Estado condenado.
AMOS OZ

Índice

Nota de un lector
Alberto Ruy Sánchez

Así como hay situaciones y momentos en los que la poesía es urgente y no hay ningún otro tipo de discurso que ejerza su lucidez peculiar, ahora urge la reflexión sobre el Medio Oriente. Este comienzo de siglo desafía radicalmente a quienes piensen que cualquier cosa que suceda allá no incumbe a quienes vivimos en otros continentes. La alarma que ha encendido y sigue avivando de maneras diversas el terrorismo es suficiente para señalarnos la necesidad de poner doble atención en aquella región, pero a la vez ha despertado todos los prejuicios y equívocos posibles. Todas las ambiciones y delirios. Por lo que debería además ser aliciente para ejercer un pensamiento más sutil y profundo.

Nos incumbe a todos y nos afecta de manera similar a la que cualquiera en el mundo se vio afectado por las razones y sinrazones del nazismo y el estalinismo en el siglo anterior. No basta con informarse, sino, sobre todo, exige tener elementos para discernir lo útil en la masa abundante de lugares comunes, rumores y condenas raciales que circulan tanto en los medios de comunicación masiva como incluso en los medios universitarios. Tanto especialistas regionales como periodistas de guerra ayudan con frecuencia a agitar las aguas turbias de la confusión. El reto fundamental que tenemos enfrente es ejercer de manera sistemática esa otra cualidad humana irremplazable: la reflexión. Por ello, este libro que desde su nombre es un programa vital, *Pensar Medio Oriente,* es el regalo que nos ofrece

Maruan Soto Antaki para comenzar a vislumbrar las ideas claras, aunque sean paradójicas y complejas, que se van volviendo indispensables para habitar hoy este mundo convulso.

Comienza por mostrar que el tema enunciado como territorio tiene que ser pensado más allá de esa geografía. Ser árabe no es algo que se defina en términos de fronteras medioorientales; tampoco ser islámico lo es. Aunque adentrarse en esas dos condicionantes señalando justamente su complejidad y extensión cuestiona y hace que se tambaleen de golpe todos los discursos que quisieran agotarse en una explicación exclusivamente económica, geopolítica o de alteridad religiosa. El Medio Oriente se entiende muy mal si se le piensa solamente en términos de petróleo, en términos de historia y geopolítica territorial o en términos de choques de civilizaciones. Los tres factores son reales y de peso, pero a la vez son los tres comodines más comunes para no pensar y asentarse con muchas palabras en ese neoconformismo que circula y se acepta como una "corrección política" o certeza universitaria.

Maruan propone pensar el mundo árabe primero desde ese ámbito cambiante pero a la vez lleno de profundidades que es la lengua. Alterar la secuencia de las ideas siempre tiene consecuencias. Remueve certezas, introduce nuevas dudas. Y necesariamente otros puntos de vista. La lengua es, además de un hilo cultural, una experiencia personal.

El verdadero eje vital de este libro es la experiencia y reflexión del autor como mexicano y árabe. La experiencia no sólo como memoria y testimonio, sino como lección. Porque algo fundamental en estos ensayos que conforman una sola voz interrogante y dialogante es que la reflexión guía su búsqueda. Es, ante todo, un libro inteligente. Y lleva esa actitud hasta la necesaria posición de criticar sus propias posturas y creencias recientes o del tiempo de su necesariamente ilusionada juventud. El tema de Palestina es un ejemplo de ello. Ya no tanto, las Primaveras árabes, que a tantos desinformados ilusionaron por lo que nunca fueron.

Si en estas páginas late una llamada de atención constante, una especie de centro magnético que requiere ser visto, sentido en su totalidad, pensado, éste es Siria. No sólo porque ahí están los afectos familiares y autobiográficos del autor, sino porque ahí está, y en eso concuerdo con él completamente, la clave de lo que sucede y sucederá en Medio Oriente. No sólo es el escenario sangriento y cruel que conocemos, sino, sobre todo, es ahí donde se ata y desata el nudo de intereses y pasiones de todo tipo y dimensión que conforman la boca ardiente de nuestro siglo. Ahí, incluso la belleza extrema del mundo ha sido totalmente destruida en nombre de creencias y militancias sin sentido. Ahí, la humanidad una vez más demuestra los extremos de los que somos capaces. La noche comienza en Siria y este libro describe agudamente los detalles de esa fuga de la luz y de la lucidez.

Y si no bastara con poner sobre la mesa tantos objetos de atención candentes, en este libro tenemos a la vez un acompañante perfecto a las novelas de Maruan. Un ámbito que las extiende hacia el mundo vivido y pensado por el autor. Y ayuda a ponerlas en las manos de quienes se atrevan a exponerse a su narrativa fascinante de exploraciones inéditas, desde la casa familiar hasta la militancia que marcó al siglo xx con un herraje al fuego vivo que cuesta trabajo ignorar.

Como el propósito de este libro es darnos elementos para la reflexión, es completamente lógica la inclusión de una entrevista que su madre, la brillante y muy extrañada Ikram Antaki, hiciera a Arafat en Managua en plena ebullición de las ilusiones de los ochenta. Porque lo que queda expuesto es, además de la florida argumentación del terrorismo palestino que hace Arafat, la complejidad y el nudo de ideas y esperanzas que terminan por ahorcar a quienes se lo pongan al cuello. La desilusión es proporcional a la ilusión. Pero se necesita, además de lucidez, el valor que tuvo Ikram para ir después más allá de las ilusiones del siglo que ahí muestra y rebasar aquel momento. Y que Maruan lleva ahora a una nueva orilla de libertad para enfrentar los retos nada sencillos que nos presenta el nuevo siglo y que desgraciadamente no terminan de aclararse tan sólo con los instrumentos de pensamiento del siglo pasado. En cada caso abre la discusión, a diferencia de tantos libros que la cierran.

Sin embargo, parece mentira que tenga que volverse a lo más elemental para comprender y actuar en lo complejo. Y este libro lo hace. Pocas certezas son tan básicas como la de que ninguna tradición cultural, religiosa o del tipo que se le defina da derecho a nadie de mutilar a las mujeres, o someterlas a condiciones humillantes. Atentar contra los derechos humanos en nombre de una supuesta ley sagrada es igualmente aberrante hoy que ayer. Maruan se aventura a explorar esas pasiones humanas más bajas, vueltas religiones y vueltas luego leyes discriminatorias y opresivas, interiorizadas como una enfermedad, tantas veces incurable.

También lo contrario se asoma en este libro: pasiones creativas vueltas excepción fecunda y luego cultura y hasta civilización.

Pensar Medio Oriente habla de nosotros aquí y ahora, de nuestros miedos y prejuicios, de nuestras esperanzas equívocas, de nuestra ignorancia y ceguera tenaz, pero también de lo posible, de nuestra capacidad y obligación de pensar.

Alberto Ruy Sánchez

Nota del autor

Encuentro cierto espíritu demagógico en la simplificación de una idea que, por momentos, parece tener más que ver con las buenas voluntades que con una intención crítica. Esa donde se dice que el diálogo, sin más, es suficiente para resolver los problemas y la violencia. Yo mismo, en algún momento, he llegado a afirmar que la violencia aparece tras la ausencia del diálogo. Hoy, sin contradecirme, estoy convencido de que para buscar el intercambio de ideas y sus frutos, hay que retroceder unos pasos para ubicarse en un terreno donde se construya un lenguaje común, una base para que ese debate exista; para que el individuo llegue a la discusión con una postura que venga del conocimiento y la reflexión.

La intención de este libro continúa algo que en mi casa se hizo obligación: intentar compartir las mínimas herramientas con las que cuento a partir de un origen, la experiencia y la lectura, para pensar un mundo que en ocasiones se antoja distante, aunque se presente con cierta frecuencia entre los temas de los que hablamos por razones poco afortunadas como la guerra, los intereses económicos, la religión y su exacerbación, el fundamentalismo. Es decir, asomarse a esa zona a la que le debo parte de mi identidad, de mis rencores, alegrías y tristezas: Medio Oriente.

Mi cercanía con el mundo árabe y la dualidad que otorga el ser hijo de migrante me permiten levantar mirada a ambos lados de un río. Así, veo cómo en el discurso de la percepción se califica a la última esquina del Mediterráneo con prejuicio e ignorancia. Como ha ocurrido desde siempre. En la calle, he escuchado que ser árabe es sinónimo de islam y petróleo, o que Estados Unidos o Europa se perciben responsables de todo lo que pesa sobre nuestras cabezas, que no siempre traen turbante. Ojalá fuera tan simple. Junto con mis editores, he decidido recopilar varios textos y materiales que he escrito sobre los conflictos de la región, que fueron publicados y transmitidos en distintos medios, y extenderlos para completar lo que por la naturaleza de los espacios donde se originaron resultó imposible incluir. Espero que brinden elementos para pensar Medio Oriente con mayor claridad.

Los factores involucrados en los conflictos de esta región, así como los elementos que determinan la cultura árabe son tan diversos, que en este libro decidí enfocarme en sólo algunos de ellos: Siria, Egipto, Irak, Arabia Saudita, Israel y Palestina. He tenido que dejar para otra ocasión el desarrollo de asuntos no menos graves como la guerra civil en Yemen, la historia de Afganistán y los países musulmanes de África que si bien no pertenecen a esta definición geográfica se relacionan con ella. Ofrezco una disculpa por ello.

Los ensayos y artículos rescatados, así como algunos de los nuevos sobre situaciones específicas, llevan la marca de un punto de vista que no puedo negar. Son temas de los que sólo puedo escribir desde mis propias afecciones y subjetividades, a partir de las filias y de las inquietudes que producen arreboles y enojos. En cambio, en los textos donde explico las condiciones y el recuento histórico, intenté hacerlo con la mayor objetividad de la que soy capaz, para que el lector pueda situarse en el entorno de la cultura de los países árabes, del islam y su relación con el resto del planeta, de sus conflictos y posibles escenarios.

El análisis que espero se refleje en los textos también tiene otro matiz. Desde los ataques del 11 de septiembre de 2001 en

Nueva York, y más recientemente con las Primaveras árabes y los atentados terroristas en varias partes del mundo, como París, Beirut y Nigeria, a manos de criminales y fundamentalistas islámicos, las nociones sobre el mundo islamoárabe han sido conducidas, sobre todo, por internacionalistas y eso que podríamos llamar la *opinocracia* moderna, compuesta por periodistas y especialistas variopintos. Si bien su labor es imprescindible y a veces admirable, quizás hemos dejado a un lado la perspectiva intelectual que busca entender las cosas desde la razón, intentando un trabajo con el lenguaje que se ocupe de los *cómos*, no sólo los *qués*.

Agradezco a las revistas *Nexos* y *Foreign Affairs*, al periódico digital *Sin Embargo* y a W Radio por el espacio donde algunos de los textos de este libro fueron publicados o transmitidos originalmente. Unos de ellos fueron adecuados para formar parte del cuerpo del libro.

¿QUÉ ES SER ÁRABE?*

*H*ay árabes musulmanes, también hay árabes judíos, católicos, ateos, griegos ortodoxos, maronitas, y todos somos árabes.

Es una identidad que parte de la lengua, de una historia que se remonta al siglo VII, que nos hace a todos, sin importar las creencias, tener un vínculo con una sola religión, que no siempre es la misma entre nosotros.

Somos árabes a partir de una lengua que no fue necesaria para que otros que la hablaran fueran árabes. Así, es más árabe un cristiano ortodoxo de Siria, que un musulmán de Mauritania, o que un musulmán de Irán, que no es árabe.

¿Cuáles son nuestros orígenes? ¿Cuál es nuestra relación con el islam? ¿Cómo ha sido nuestra sociedad en los últimos catorce siglos, cuando fuimos tribus, cuando la presencia árabe llegó a Europa y se mantuvo ahí por ocho siglos, hasta que España descubrió América y nos trajo al Nuevo Mundo? ¿Cómo es ser árabe en Medio Oriente, en Europa, en América?

Hablar de la identidad árabe es imposible sin hacerlo del idioma, de la religión, del arte y la literatura. De la comida. De la ley, la educación y la moral.

¿Cuál es nuestra cultura? ¿Qué es ser árabe?, ¿qué es serlo en el siglo XXI?

---

* Transmitido originalmente en el programa *Así las cosas*, de W Radio.

¿EL ISLAM ES LO PEOR QUE NOS HA PASADO A LOS ÁRABES?[*]

Es posible que el título original de este texto haya sido excesivo o jugara con una abstracción que apresura a una interpretación poco acertada. En general, la historia ha logrado convencerme de que todas las religiones o dogmas, sin excepción, llegan a un punto en que hacen daño, tal vez, más grande que los beneficios que dieron en un primer momento.

Hemos olvidado a todos mares que la tolerancia de la que tanto hablamos —aquella necesaria para cualquier tipo de convivencia— exige el rechazo de muchas cosas. La tolerancia obliga a la intolerancia hacia las ideas o actitudes que son inaceptables, diría el filósofo en búsqueda de discusión.

Nada más políticamente incorrecto que decir que las religiones hacen daño. A vivir con ello. Sin embargo, más de uno podría considerar inadmisible tal declaración. De haber vivido en Europa durante la Edad Media, al cadalso me habrían enviado por mi opinión sobre el catolicismo, al poner en duda las supersticiones a las que todos se encomendaban. Si conversara con un cura del siglo XVI, en la Nueva España, la Inquisición no tendría suficientes cargos previstos para condenarme por mis palabras.

---

[*] Publicado originalmente en *Foreign Affairs Latinoamérica*, con el título "El islam es lo peor que nos ha pasado a los árabes", noviembre de 2014.

Cuando intento ver el lado positivo de todas las creencias me sale lo blasfemo, y con el islam no faltará quien insista que debo diferenciar a los "buenos" de los "yihadistas". En lo simple tendrá razón, pero no es eso a lo que me refiero. Es cierto que el tiempo modifica las percepciones: lo que un día fue bueno a la mañana siguiente se transforma en un suplicio, y así aparece la crueldad y la infamia. En el siglo VII el Corán fue un factor de unificación. Hoy, a la distancia, me atrevo a decir —con cierto dolor— que el islam ha sido lo peor que nos ha pasado a los árabes y a nuestro mundo.

Los árabes no somos los imanes fanáticos, tampoco Hamás, Al-Qaeda ni el Estado Islámico de Irak y Siria, menos los burdos represores de derechos humanos que obligan al uso del burka, los matrimonios forzados y las guerras en nombre de Dios, como si fuéramos cruzados. Los árabes no somos ellos, pero hay algo en el pensamiento de quienes decapitan y hablan de califatos que invade nuestra memoria.

Buscar la explicación de nuestras sociedades y condiciones desde la investigación política, las aulas de los internacionalistas, el petróleo y los llamados divinos tiene las limitaciones de la temporalidad. A los árabes de las noticias hay que entenderlos a partir de la antropología y la lingüística.

Ninguna otra entidad se debe tanto a la palabra. Los árabes pertenecemos a distintos pueblos: antes del profeta Mahoma no éramos sino tribus (algo nada peyorativo), una estructura social superior a la del clan pero inferior a la del Estado. A los árabes no nos unen los rasgos en el rostro —aunque algunos tenemos narices grandes—, ni siquiera las creencias; para entender quiénes somos se debe prestar atención al lenguaje.

Cuando Mahoma viajó de La Meca a Medina, hablábamos de forma parecida, pero no teníamos una lengua única y usábamos los dialectos arábigos de la época. Por lo práctico que suele ser lo arbitrario, uno de éstos —el Hijaz— fue usado para darle al Corán su carácter literario. Con su transcripción, nos hicimos grupo y nos identificamos como hermanos. Fuimos árabes gracias al lenguaje que se usó para escribir un compendio de reglas. Este libro determinaría la personalidad de nuestras sociedades. Por eso, el islam y el arabismo están ligados, incluso por encima de las doctrinas. Esta unión es tan estrecha que incluso judíos, cristianos y no creyentes de esta zona del mundo tenemos una inmensa carga de cultura islámica, de cultura árabe. El lenguaje del Corán se llamó el *lugha* y con él nos entendimos en distintos países sin la necesidad de recitar los versos de Mahoma.

El grado de desarrollo intelectual que ha alcanzado la humanidad se debe al lenguaje; a partir de éste inicia la hominización de nuestra especie. La palabra es logro de los humanos, no así para los musulmanes. Los hablantes de las lenguas romances, las sajonas, las eslavas, las del subcontinente indio (con todo y sus problemas de miseria) son orgullosos del momento en que las señas, las pinturas y la tradición oral derivaron en la escritura. Para los creyentes, según cuenta el Corán, la palabra es un invento de Dios y él se las prestó. El pináculo del intelecto no nos pertenece. El islam robó el título de propiedad sobre la verbalización del pensamiento y en este punto —aunque también empezaron los mayores avances en las matemáticas, se hizo la poesía y se dio el arte que llegó a España y construyó la Alhambra— vinieron los problemas.

Si el origen del idioma árabe era divino, entonces se pensó que la lengua en perfecta y que no tendría que adaptarse a los tiempos, pero ocurrió. A falta de vocablos se inventaron acentos que permitieron la creación de vocales cortas para la construcción de frases, acordes a la narrativa y los inventos de los nuevos siglos. ¿Qué somos sin esa necesidad y capacidad de adaptación?

Para entendernos a los árabes hay que entender nuestra relación con la lengua y por qué hoy, catorce siglos después de Mahoma, un árabe de África del Norte habla distinto a un saudita o a un sirio. Nosotros tenemos dos idiomas que se hacen muchos. La limitación del árabe del Corán permitió la interpretación, como ocurre con cualquier otro aspecto axiomático de la vida. Si las reglas son rígidas e inalterables, se les dará la vuelta para adecuarlas al entorno. Así apareció la *ammiya*,[1] el árabe cotidiano, con vocablos base del árabe clásico, pero con nuevas palabras que parten de la herencia local, de las injerencias de los conquistadores y de la espontaneidad. El árabe, como persona y lengua, son dos y ambos son sujetos de interpretación.

El islam surgió como Estado y el Corán como su constitución. El islam se transformó en método de gobierno y el profeta, en gobernador. La doctrina transformó al árabe en una lengua internacional, de religión primero y luego de civilización. "Hemos hecho de ustedes un pueblo intermediario para que lleven el testimonio a los hombres", se lee en los textos sagrados. Este grado de soberbia antropológica, originada en un lenguaje del que se desprende la unicidad de un pueblo, es responsable de nuestra debacle.

Se decía en mi casa que todos nuestros problemas se resolverían, posiblemente, si no nos consideráramos el pueblo elegido. No nos bastó con tener la lengua de Dios, quisimos también ser sus predilectos sobre el resto de los habitantes del mundo. Sin duda, este etnocentrismo se ha visto en otras civilizaciones, pero ninguna de ellas ha tenido tal volumen de población, por lo que, quien se aventure a revisar su propia estirpe, tendrá la fortuna de hacerlo a partir de un universo menos extenso.

Esta visión nos permitió ignorar la literatura del mundo: "si no está escrita en nuestra lengua, no debe valer tanto la pena". Por varios siglos, este convencimiento feroz evitó asomarnos a los demás. Y vinieron las paradojas.

En la primera década del siglo XXI, durante una estancia en Damasco, un amigo sunita afirmó, entre cafés y tés: "el islam

---

[1] En mi casa, *lugha* siempre se pronunció *fsja*. Nuestro *ammiya* para *lugha*.

ha recuperado lo mejor de las religiones monoteístas que la precedieron, definimos la más renovada de las tres sin los errores de las anteriores". Dicha aseveración es cierta únicamente en lo cronológico y supongo que a estas alturas del partido no habrá muchas discusiones al respecto, ya sea entre religiosos, agnósticos o ateos.

Los católicos hicieron suyos los textos judíos y encontraron en ellos sus propias certezas, crearon una narrativa acorde a sus necesidades. Luego vinieron los árabes y las coincidencias no tardaron en aparecer. Semejantes puntos de origen y mitos comunes convergieron en las grandes doctrinas monoteístas del mundo. En todos los casos, el pensamiento filosófico contó con una serie de virtudes a lo largo de los tiempos. Incluso hoy en día, no se me ocurre otro instrumento de coerción social más eficaz que las religiones —ya vimos a Europa del Este hacer lo suyo con el comunismo del siglo xx—. Con ellas, se brinda a las poblaciones una estructura natural para organizarse y contar con una identidad, pero han pasado un par de miles de años desde las incipientes formas de cristianismo y varios siglos más en el caso de los judíos —otros trece, desde Moisés—. A lo largo de la historia, tanto judíos como cristianos han recorrido, desde sus propios fundamentalismos, una curva de aprendizaje que los ha llevado a adaptarse a los nuevos tiempos.

Salvo sus detractores naturales, se escucha al unísono cómo el Vaticano revisa sus estatutos para darle la bienvenida a diversos grupos. En el catolicismo, la condición de la mujer ha sido un asunto de reflexión, al punto en que sólo se espera un momento de razón, como lo tuvieron en Inglaterra cuando los protestantes abrieron las puertas a los cargos religiosos para ambos géneros. Cada religión del mundo ha pasado por momentos de reestructuración. Para los cristianos, comenzó el día en que sometieron a juicio la fecha de natividad en el Concilio de Nicea, convocado por Constantino, y ha continuado hasta la aceptación de las bestialidades provocadas por el Santo Oficio. Sólo a partir de estas reflexiones y modificaciones se ha podido establecer una conducta religiosa compatible con una sociedad que busca el laicismo de sus gobiernos, la tolerancia y la humanidad, que no sólo se refiere a nuestro número, también a las cualidades de quienes habitamos juntos.

En diversas regiones, los intentos por instaurar un islam secular no han sido del todo fructíferos, como en Albania, Burkina Faso, Chad, Turquía, entre otros. En cambio, nos encontramos ante un proceso de revisión que se ha dado a la par de los movimientos ortodoxos, lo cual permite las interpretaciones fundamentalistas, como en la Edad Media.

Actualmente, el mundo no aceptaría de ninguna forma los tribunales eclesiásticos que operaron durante el oscurantismo católico, como no es capaz de aceptar el momento que el islam vive hoy: su medioevo. Nuestro siglo no es buen momento para estos experimentos, contamos con herramientas —tecnología, medios de comunicación, capacidad de fuego, etcétera— que lo hacen demasiado perverso. No dudo de que en trescientos años podamos tener en todas las latitudes una religión musulmana capaz de convivir con el mundo, pero tampoco creo que podamos esperar ese proceso de maduración que mi compañero sunita no contempló al emitir su dictamen sobre su condición de musulmán. Si el islam quiere dejar de ser lo peor que nos ha pasado a quienes vemos nuestros hogares destruirse en nombre de Dios y cómo se transforma en una doctrina donde la única discusión posible se da en el terreno de la fe y los dogmas, tiene que trabajar lo de unos siglos en un par de años. Eso no sólo me parece imposible, sino que tampoco tenemos tiempo.

El origen

En el siglo VII una lengua dio origen a la identidad árabe. En el año 611 iniciaron las primeras prédicas coránicas y a mediados del 622 —con la migración de musulmanes de La Meca a Medina, hoy ciudades a poco más de trecientos kilómetros de distancia— comenzó la era islámica, diez años antes de la muerte del profeta Mahoma. Su elección arbitraria por el árabe del Hijaz, la zona de la península arábiga que hoy ocupa parte de Arabia Saudita, determinó un rasgo de carácter para la región: el autoritarismo.

Sin embargo, ese autoritarismo que a lo largo de siglos hemos visto en todas las expresiones sociales del mundo árabe, no es, ni se acerca, a la virtudes de su cultura, que son muchas y, por momentos, me parecen ausentes en nuestras sociedades occidentales. Si revisamos las cualidades con las que nos definimos mexicanos, americanos, europeos o, más simple, parte del mundo occidental, puede costar un poco encontrar, en la alta cultura, un motivo o detonador de identidad que tenga la fuerza de la cultura árabe.

El mexicano es a partir de su historia y su legalidad, también el europeo, que incluye sus valores pero, no encontraremos una fuente de unión tan clara entre españoles, austriacos o galeses. Como tampoco, si somos mínimamente honestos, encontraremos grandes relaciones entre un mexicano de

Tijuana o Monterrey, con uno de Chiapas o Veracruz. Y lo mismo ocurrirá con un español de Sevilla y uno de San Sebastián.

Durante mucho tiempo —pero más con el triunfo de las ideolologías revolucionarias de América Latina durante el siglo XX— la opresión de los colonizadores y la explotación a comunidades, producto de esos mismos movimientos independentistas, fueron elementos de comunión en el espíritu de la región. Fuera del lenguaje —que, a través del trabajo literario, entre otras actividades, he descubierto como insuficiente para estos propósitos—, no reconozco una identidad latinoamericana clara, mucho menos si se quiere incluir a España en las bondades que otorga la lengua de la ñ a quienes la hablamos. El ser árabe es, a diferencia de otras, una cultura o identidad cultural que sobrepasa los límites del idioma, pero se debe sólo a él, aunque a veces se confunda con una identidad geográfica o religiosa. Ser árabe se manifiesta en las costumbres, en nuestra relación con la historia de múltiples regiones, en las rutinas más sencillas de la vida, en la comida, en la defensa y el entendimiento de la comunidad.

Hace no tanto, un taxista iraquí en Nueva York me dijo, en árabe, algo por el estilo a un "me quiero acostar con tu hermana". Su tosquedad me ayudó a identificar su acento, menos lírico que el de Damasco. Esa frase, mal pronunciada, es una provocación suficiente para arremeterle un cabezazo a su emisor. El tipo, malcarado desde que abordé su vehículo, no imaginó que entendería el improperio que arrojó tras mi salida de su coche. Las razones de su enojo importan poco y son subjetivas, sin embargo, aquella frase que espetó el hombre a mis espaldas —cuando lo escuché, ya había descendido e iniciaba el resto de mi recorrido a pie— tenía los atributos que, aun viajando miles de kilómetros, permiten descubrir a quien los emite. En los insultos, que son lenguaje, se puede entender parte de la cultura de los pueblos.

Siendo hijo único, no tenía por qué preocuparme por lo que sintiera mi quimérica hermana ante el deseo de ese sujeto. A mí, lo que ella hiciera en la cama me resultaba tan intrascendente como las tareas carnales del resto del mundo, pero ese insulto —que me tenía por destinatario a mí antes que a ella— cargaba con un peso mayor a la simple burla. Sus palabras eran poderosas, sobrepasaban algo trivial como una posible insinuación a que ella, quien le despertaba tales arrebatos, fuera, sin ánimo de insultar a mi hipotética familia, un adefesio deforme, maloliente y brillante como la noche, que necesitara de virtudes más inteligentes para llamar la atención que una belleza, quizá, sólo palpable para el iraquí tras conocerla. Partía, como todo insulto, del intento de acabar con el oponente usando un arma rápida y letal.

Al no hablar árabe de forma frecuente, las palabras escapan de mi memoria. Si en este momento se me preguntara algo en ese idioma, tardaría unos instantes —que ignoro cuánto duren— en articular una frase decente, pero, en aquel momento, sin darme cuenta, empecé a contestarle al taxista de forma apropiada y lo seguí haciendo por los siguientes minutos con la cadencia propia del verso.

En árabe, como en otras lenguas, insultar es bellísimo. Se mezclan animales, intenciones y el estudio anatómico del individuo. Tales expresiones, si bien pueden despertar la curiosidad médica, se nutren de lo que se considera inaceptable para una cultura, más que de su significado literal. En la tradición árabe los perros se desprecian, entonces, si alguien me ofende refiriéndose a un chucho de cuatro patas —sería más ofensivo si sólo tuviera tres y anduviera cojo por la vida— poco importará mi amor a estos animales y, en violenta reciprocidad, mi cólera será inmediata.[2] Al final, frente al insulto, reaccioné como árabe, sin importar mi pasaporte mexicano.

---

[2] Extracto de "Notas sobre el insulto", publicado en la revista *Nexos*, octubre de 2015.

Esta identidad cultural, basada en conceptos de función unificadora entre las tribus de la zona, tiene al mismo tiempo sus diferencias, que provienen de la tradición histórica y religiosa, que refleja uno de nuestros mayores pesares. A los árabes nos caracteriza por igual una vocación de unión, al mismo tiempo que una incansable necesidad de división y no aceptación del otro, a pesar de sus posibles similitudes. Trataré esto con cuidado más adelante, ya que ahí, la cercanía con lo religioso ha traído más consecuencias negativas que otros eventos. Al entrar a un café de Damasco, todavía se deja claro, a través del argot, las diferencias entre un árabe del Levante y uno de África, entre de la península y uno de cualquier otro continente. Éste es un árabe negro, aquél es uno blanco.

Pero la cultura árabe ha estado presente en todo el mundo. En el 637, ya con una cultura y sociedad islamoárabe formada, sus ejércitos conquistaron Persia, el actual Irán y, para el 642, los árabes ya habían ocupado Palestina, Egipto y el Cáucaso. Por eso, un judío de Siria es un judío árabe, al igual que un Libio de origen bereber.[3]

A principios del siglo VIII, en 711, Tarik ibn Ziad atravesó desde África el Mediterráneo por un estrecho que lleva su nombre: Jabal Tarek. Nosotros lo conocemos como Gibraltar. Al hacerlo, llegó al país de los vándalos, al Andalus: Andalucía, España.

La presencia islamoárabe en Europa consistió en mucho más que la ocupación del territorio y la máxima extensión que llegaron a tener los dominios culturales y políticos. Significa la multiculturalidad de la identidad árabe que evolucionó a lo largo de catorce siglos y el origen de las raíces islamoárabes de América, pero también la división de dos mundos: el árabe que viaja y se integra con sus sociedades huéspedes, enriqueciéndose en dos vías, y el que de alguna forma terminó por

---

[3] Etnia norafricana. *Bereber* viene de la adaptación del griego *bárbaro*. Ellos se autodenominan *amazighen*: hombre libre, en su dialecto.

regresar a sus fundamentos dogmáticos, el de África del Norte y Medio Oriente. Este universo árabe dividido en dos grandes mundos es la continuidad de nuestra tradición bipolar, que ya se encontraba desde la transcripción del Corán, veinte años después de la muerte del profeta —la transcripción en un solo libro no ocurrió hasta ese momento.

En el siglo IX, la presencia árabe llegó de la península ibérica a Mesopotamia. En 762 se fundó Bagdad. ¿Cómo es posible que en tan poco tiempo una cultura relativamente nueva ocupara tales extensiones? No fue la superioridad militar ni política la que logró una hazaña de tal magnitud. De ahí se deriva, precisamente, mi problema con el análisis internacionalista de una cultura. No es con datos ni estudios económicos que entenderemos qué es la cultura árabe, tampoco si lo hacemos sólo mediante referencias religiosas, sino con el estudio de la lengua y las características que arroja la abstracción de lo árabe. La única forma de entendernos es dándole importancia a nuestra literatura y revisando su relación con todos los demás instrumentos de la vida, ahora sí: con la religión, la economía, la filosofía y la moral.

LA IDENTIDAD

La dualidad árabe se ve en la existencia de dos planos: el mental y el real. El primero viene de las nociones que intentan reunir a los hombres en función de su comunidad; el segundo, en la aplicación de la funcionalidad de aquella comunidad.

El libro, el Corán, se reunió más dos décadas después de la muerte de Mahoma, bajo el tercer califa, Osman. Su edición contiene la primera disyuntiva de orden práctico. La primera parte se encuentra al final del libro; la segunda, al principio. Su acomodo se decidió por una cuestión de volumen, los capítulos más cortos adelante, seguidos por los más largos. Aquella primera parte fue escrita en La Meca, cuando los musulmanes todavía no eran numerosos. Ahí se encuentran las coincidencias con los textos de las otras dos religiones monoteístas predecesoras, a las que hizo referencia el compañero sunita que mencioné páginas atrás. Son textos que dependen de las convenciones establecidas para penetrar en la cultura popular de los pueblos semitas que existían en esas tierras. Habría sido imposible la conversión de las tribus prearábigas sin respetar una mínima base de los sentimientos religiosos que se habían asentado en la región desde la aceptación del Génesis, que relata las tres descendencias de los hijos de Noé. Sem, padre de los semitas, es así padre de los arameos, los hebreos, los abisinios y los asirios. Compartimos la integración de leyendas en la inscripción según la tradición de los predicadores semitas.

Todos, judíos, cristianos, musulmanes, laicos y no creyentes, somos parte del mismo mundo.

La segunda parte del libro se aleja del misticismo. Es la constitución. Ya establecidos los musulmanes en Medina, se necesitaron leyes que permitieran la construcción de una civilización. Y como estas leyes se encuentran en un mismo libro y ese libro no fue escrito por los hombres, sino por Dios, que prestó su lengua, las leyes del Corán se aceptaron como divinas e imperfectibles. Algo similar sucede con el hebreo como casa del pueblo judío.

La lengua se transformó en ideología. Pero el problema de las ideologías frente a la realidad es que a menudo resultan inamovibles, y la realidad no. Su movimiento es el tiempo y en el lenguaje la noción del tiempo se expresa en los verbos. Pero la lengua árabe no tiene futuros, sólo tres tiempos básicos: el pasado, el presente y el imperativo. *Madi, madare'* y *amr*. No tenemos futuro y para poder conjugar devenires se usan construcciones compuestas. Estas limitantes dieron lugar, también, como narro en el primer artículo de este libro, a la lengua dialectal, la *ammiya*, la de los pueblos. Sólo que las conquistas de los generales y preparados necesitan de los soldados y de los hombres de la calle. La *lugha*, la lengua literaria, no es la lengua cuna de nadie. No conozco a nadie que aprendiera el árabe a partir de ésta. Sin embargo, aunque no se hable, la *lugha* está en el núcleo de la conformación de una identidad y es a través de ella que se dan los florecimientos de la cultura árabe y, en términos occidentales, sus renacimientos: el arte.

No estoy seguro de que se pueda hacer gran arte cuando el mundo se reduce a una cápsula rodeada de arena y dátiles. El arte sirve para decir lo que no puede ser dicho en un texto sin prosa, sin poesía, sin futuro. El arte árabe se dibuja entre las líneas y en los muros de edificios. En espejos de agua que reflejan minaretes. En la representación de la vida —pero entre el código de reglas que se desprende del Corán está la prohibición de representar lo humano—. ¿Cómo es posible que la cultura y la identidad árabe estén tan ligadas al arte? ¿Por qué hay más poetas que narradores? Las cumbres del lenguaje no surgen sin una conciencia estética. ¿De dónde viene la arquitectura árabe? En ella, la belleza y la funcionalidad expresan una sensibilidad palpable. ¿Cuál es el origen de su música y danza; cuál el de su teatro? El arte árabe es vasto y refleja lo mejor de nosotros, sin importar el siglo. Aunque no sé si exista una cultura que no encuentre su pináculo en la expresión artística.

Para los árabes, la ventaja de conquistar gran parte del mundo conocido, apenas unos años después de nacer como grupo, fue que los elementos identitarios surgieron del mestizaje cultural, y la velocidad de ese mestizaje, en relación con la línea de vida, hace que antes de la adolescencia más de una característica proveniente de la mezcla se transforme en ingrediente fundador. Inmersos en los límites impuestos por la religión, encontraron en el arte la forma de hablar de lo inefable.

La rigidez del lenguaje obliga a la exclusión de lo sensible y facilita el ejercicio de la razón, del análisis, de un cerebro gigantesco y frío. Por un lado, entre los árabes se perfeccionó la astronomía y las matemáticas indias, la ciencia de los griegos, la herencia intelectual de los persas. Por otro, la respuesta antípoda a la estructura se resolvió en la humanidad de las tierras conquistadas, así como en las etapas anteriores a las prácticas coránicas y posteriores al siglo xix.

La referencia obligada de la literatura árabe se encuentra en el recuento histórico de la época previa al islam, la de los dialectos precoránicos. Era el tiempo llamado "de la ignorancia",[4] en el que importaba la palabra hablada, no la escrita; cuando el verso era la única forma de arte. La poesía *jahiliya*. Y es de esa poesía, de ese arte que pone por encima de lo que se dice el cómo se dice, que parte el todo de la cultura e identidad.

El Corán está escrito en versos, porque era la única forma de hablar. La *jahiliya* es la raíz del espíritu árabe y la *lugha*, su

---

[4] La *jahiliya* es la época de la ignorancia. De *juhl*, ignorancia.

personalidad. Ese *cómo*, no el *qué*, es la base de la literatura en general, en su mayor amplitud. De ahí la importancia de ésta, y no exclusivamente de lo que ocurre en las noticias, para entender qué es ser árabe: esos raros del mundo que somos y que damos miedo a los imbéciles.

La mismas reglas se aplican en las demás artes. Lo grandioso de las mezquitas es producto de la perfección matemática, cumbre de la racionalidad, y están construidas en función de la comunidad, no del creador. A diferencia de las iglesias de Occidente, las mezquitas no son templos a Dios, sino casas de creyentes que intentan replicar el paraíso del Corán en la Tierra. Son el equilibrio entre las pasiones y el cerebro de una cultura.

La música es también producto de la *jahiliya*. Estaba presente desde antes del Profeta, en la lírica, y después seguirá en los cantos desde lo alto de la torres, cinco veces al día, que invitan a rezar. La música es, tal vez, la máxima de la racionalidad hecha arte. Pero ese compendio de reglas que es el Corán prohibía el placer, y la música y la danza siempre han estado ligadas a éste. ¿Quiénes, en tiempos de ortodoxia, podían entregarse a tales actividades? Los que no tenían reputación que cuidar: los esclavos y los beduinos, los rangos más bajos y segregados de lo que se entendía como civilización.

En 712 un general árabe, Musa ibn Nusayr, terminó la conquista de Hispania. Los árabes descubrieron las bondades de una naturaleza generosa y de una cualidad que en Oriente se entendía como frágil: la humanidad. A principios del siglo IX, se tradujo a los griegos: Platón, Aristóteles, Ptolomeo, etcétera. La lengua se transformó en instrumento de cultura universal y vino la época de oro del humanismo musulmán. En Bagdad, se fundó la *Bet al Hikmah*: la casa de la sabiduría, una biblioteca sólo comparable con la de Alejandría.

Cuando alguien se refiere a la grandeza épica de los árabes, a los descubridores del mundo, habla de una época de no más de tres siglos. En este período ocurrieron la ocupación de

Europa, el esplendor religioso y civilizatorio del Levante —bajo los califatos Ummayad y Abasida— y el desarrollo intelectual que nació en Bagdad, cuya magnífica herencia incluye el álgebra, la zoología, la medicina y la cartografía.

Del siglo XI al XVII, el mundo árabe se sumergió en un letargo producto de fracturas políticas, revoluciones de esclavos, las cruzadas, las invasiones mongolas, el avance del cristianismo, la expulsión de España y el crecimiento del Imperio Otomano. Es hasta el siglo XIX que la cultura árabe tuvo un renacimiento en su propio territorio. Del otro lado del mundo, lo árabe se veía en las fachadas que se construyeron al conquistar América.

De julio de 710 a enero de 1492, los árabes habitaron Europa. Fueron setecientos ochenta y dos años, cuatro siglos y medio más de lo que duró la Colonia española en México. Siete meses después de la caída de Granada, último bastión del Imperio islamoárabe en España, Colón desembarcó en Bahamas. Había descubierto el Nuevo Mundo.

Hace poco, en un programa de radio, compartí micrófonos con mi querido Alberto Ruy Sánchez, fantástico escritor mexicano a quien debo el prólogo que acompaña este libro. Conoce bien y ha trabajado alrededor de la cultura árabe: "¿En ocho siglos quién no se acuesta con quién?", dijo atinadamente. La conquista y colonización trajeron a los señores españoles al nuevo continente, pero también a los moros y las tradiciones que permearon la península ibérica por casi ocho siglos. ¿Qué tan española fue la colonización de América? Si uno se asoma a la arquitectura del sur de España y la compara con Egipto, no encontrará grandes diferencias entre la Mezquita de Córdoba y la mejor versión de sus similares en El Cairo o Marruecos. Esta herencia está presente en muchas regiones de América. Caminando por la ciudad de Puebla, entre sus casas de azulejos, a pocos kilómetros pueden observarse las cúpulas de Cholula. Si se recorre el Centro Histórico de la Ciudad de México, de los patios de Palacio Nacional a las casonas con fuente al centro, se podrán adivinar las raíces islamoárabes de sus constructores, las mismas que dejaron los más bellos palacetes de Damasco —varios de ellos ahora destruidos, tras cinco años de guerra civil en Siria—. Y esa cultura, donde la lengua es todo, está en nuestras palabras: alcoba, de *al qubba*; escaño, de *ishkan*; zaguán, *ustwan*; camisa, *kamiz*; aceituna, *ceitún*; cero, *sifr*; Alcalá, de *al qual'a*. Y en los nombres más españoles: Calatayud, *Qal'at Ayub*; Calatrava, *Qal' at Rabah*. Cuatro mil palabras en el diccionario de la Real Academia son de origen árabe.

Se ha dicho mucho sobre el período de las colonizaciones y de cómo la realidad de Medio Oriente, hoy, tiene que ver con las decisiones tomadas en las últimas colonias que terminaron en la década de los cuarenta del siglo XX. Sin embargo, en la prisa por dar respuestas que permitan comprender la región, a veces olvidamos que sin la presencia francesa, no sólo ciertas características de la intelectualidad árabe más reciente no existirían, sino que tampoco se habría rescatado lo mejor de su cultura. Sin la fricción desatada por el choque con los franceses, jamás habríamos vuelto a descubrir el mundo. Nuestro mundo.

A principio del siglo XIX, se da un resurgimiento de la poesía clásica, en *lugha*, con figuras e imágenes retomadas de nuestras épocas de gloria: camellos, mezquitas, dátiles, estrellas. En ese momento el mundo árabe descubrió el teatro, que antes no existía, y en esa forma de arte, como sucedió en el siglo XVI europeo, se reflejó, por fin, la realidad y el humanismo de una sociedad.

También fue en estos años cuando el periodismo prosperó en la zona, consolidándose como un espacio donde la literatura encuentró un puente con la vida práctica. La tradición árabe de la razón se volcó en el ensayo. Hasta la fecha, siguen siendo árabes los mejores ensayos que pasan por mis manos, incluso por encima de los británicos, porque el árabe es esa lengua y esa identidad casi esquizofrénica, donde conviven el alma y el intelecto a través de la palabra. Puede ser que a esto se deba que los árabes funcionen, con todo y su comportamiento gregario, dentro de las culturas latinoamericanas. El realismo mágico del siglo xx, cuando se lleva a la vida práctica, termina en la pesadilla que llega a ser la vida en nuestros países, no así en la literatura. Algún paralelismo creo ver en la disociación del mundo real con el imaginario, entre árabes y latinoamericanos. Vaya comparación.

LA REALIDAD

Tengo que ser congruente conmigo mismo. Así como intento ser crítico con México, España y Francia —países a los que me debo por origen, formación y lecturas—, no puedo ser complaciente con el mundo árabe sólo porque una parte de mi sangre provenga de ahí. Esta supuesta lealtad a los orígenes es tan peligrosa como la xenofobia occidental que se niega ver sus defectos.

Ser árabe en la actualidad es seguir viviendo de las glorias que yacen sepultadas en los libros de arte y ciencia, al mismo tiempo que ser una eterna víctima de nuestra relación con el resto del mundo. Hasta antes de los años dos mil, no había escuchado una sola vez, durante mis estancias en países árabes, hablar a nadie de rencor o autoflagelación por las conquistas que durante la primera parte del siglo XX derivaron en las fronteras actuales de Medio Oriente. La primera ocasión que aparecieron frente a mí aquellos eventos como causa de los problemas medio orientales fue en México, tras las Primaveras árabes de 2011. Para ese entonces creía que los árabes habíamos superado nuestros problemas con los colonizadores. Era una idea que, reconozco, me llenaba de orgullo, sobre todo frente a la tendencia latinoamericana de achacar nuestra mala fortuna a los españoles que arrasaron o sometieron a los indígenas del continente. Pensaba: casi todos los pueblos fuimos conquistados en algún punto de la historia, pero los árabes no tuvimos problema en recomponer nuestras sociedades a partir de modelos propios, tan ajenos a los de Occidente. Las dictaduras, por desgracia, eran eficaces. Las ideas de derechos humanos que tanto gustan en el ideal republicano no aplican con nosotros porque no compartimos las nociones que llevan a pensar el bien y el mal de la misma forma. Esto no quiere decir que las lapidaciones a mujeres por adulterio pudieran ser admisibles, evidentemente. Tampoco los abusos policiacos que determinaron la relación de todas las sociedades árabes con sus gobiernos. De ninguna manera. Es que así funcionábamos. Sólo eso.

Desde mi infancia hasta principios de los noventa, la identidad árabe que se sentía en mi casa —con las ventajas y desventajas de mi condición de mestizo— contenía de alguna forma la dualidad histórica que conformó la existencia de una cultura. Se era árabe en la comida, en la hospitalidad, que por encima de muchas cosas es sagrada, en el intercambio sectario que permitía tomar un café en la embajada de no sé qué país petrolero —para los ochenta, eran increíblemente pocas las representaciones diplomáticas de países árabes en México—. Lo árabe emergía en las tiendas de libaneses que veían con mala cara que se pusiera en duda la majestuosidad de una cultura que, como en la época del letargo, sólo logró integrarse entre miembros de una misma comunidad que veía a lo lejos la mexicanidad y, de forma simultánea, se hacía mexicana, contradiciendo así su naturaleza, en la falta de claridad frente a los problemas y la insoportable facilidad para darle vuelta a las cosas antes de afrontarlas.

En Europa, durante los períodos a veces largos que permanecí allá, no había semana en la que no participara de una reunión donde se sirviera café turco, se comieran dátiles y pistaches, y luego se discutieran los asuntos del país que adoptábamos y que nos adoptaba, en una comunión de valores locales de individualidad y los valores de la vida comunal árabe. No sé si gustaba la democracia, pero sí la ausencia de totalitarismo.

Esos recuerdos de comuna tienen su origen en la principal característica de la cultura. El mundo árabe, desde su perspectiva religiosa y pese a sus transformaciones laicas —pues las ha habido—, renuncia a la individualidad en pos de la vida en conjunto. Es esa la mayor enseñanza e influencia del islam fuera del ámbito religioso. De tal magnitud es el peligro de la horizontalidad cuando promueve la unanimidad. Las intenciones unificadoras del Corán dependían de una regla, la *Ijma*,[5] de acuerdo con la cual la totalidad de la comunidad consagra su voluntad por encima del individuo, para conseguir lo que todas las sociedades buscan en sus principios y lo siguen haciendo a costa de sus fracasos: la seguridad.

El 1991, tras la Guerra del Golfo Pérsico, las declaraciones de mi madre —una intelectual para ese entonces avocada al estudio y análisis público de Medio Oriente— nos llevaron por primera vez a tener que recurrir a la protección de escoltas, luego de las amenazas de grupos con raíces árabes en México que se sintieron agredidos por el apoyo, en algún artículo, a la intervención norteamericana contra el ejército de Saddam Hussein en Kuwait. A pesar de todo, ese sentimiento de traición frente a lo que se entiende, en especial desde algunos sectores de la izquierda latinoamericana, como el imperialismo contemporáneo, aún no introducía en la discusión el tema de la responsabilidad de las potencias occidentales del XIX y principios del XX en los conflictos de la zona. A lo largo de cincuenta años, desde 1948 hasta poco antes del año 2000, lo árabe se encontraba en las pequeñas costumbres que unen a todos los grupos étnicos, en la lengua y en la identificación de un problema común: el conflicto entre Palestina e Israel. El antagonismo de dos pueblos que siempre compartieron suelo, junto con una serie de barbaridades como el panarabismo de la década de los sesenta y el fallido progresismo de los setenta,

---

[5] La regla del *Ijma* quiere decir, literalmente, unanimidad.

hicieron olvidar los verdaderos valores de identidad y conformación social. Sin embargo, ahí están, en las raíces de una cultura.

A principios del siglo xx, se dio una extensa migración de árabes del Levante a Egipto. Luego a América. Del norte de Siria llegó a México un gran número de árabes judíos nacidos en la provincia de Alepo, y en Estados Unidos se asentaron varios de los grandes poetas y ensayistas de la nueva literatura árabe. Otra vez, lo mejor de la cultura al servicio de la lengua y viceversa: Gibran Khalil Gibran, Ilya Abu Madi, Mikhail Ma'ime…

Estos nombres, que tal vez se recuerden de las clases de literatura, son el reflejo de la capacidad de adaptación y una muestra de la enorme distancia que existe entre los árabes y los fanáticos del islamismo. Es posible que tenga que recordarle esto al próximo idiota que me salude con un "¡hola, terrorista!", e ignore a todas luces lo vasto de la cultura árabe.

Hoy, el ser árabe se debate entre dos realidades y una infinidad de prejuicios, entre la perspectiva del árabe y la perspectiva hacia el árabe. No es nueva la imagen del terrorista con turbante. Al menos yo, llevo toda la vida enfrentándome a ella y en realidad no me produce mayor malestar que el de la trompada que se avecine en la cotidianeidad. Pero también conozco de primera mano la prepotencia derivada del racismo y la estupidez del policía europeo, que detiene al de barba por su pinta estigmatizada, para pedirle su pasaporte aunque sea francés o de cualquier otra nacionalidad. Esas actitudes tienen sus vertientes.

Regresando de Damasco a París, en un vuelo lleno de ciudadanos sirios y uno que otro jordano, los oficiales de migración franceses hicieron dos filas para salir del avión, una para pasaportes árabes y otra para no árabes. A los primeros los sometieron a las humillaciones y temores de cualquier revisión aduanal. Al intentar tomar mi lugar en la única fila que se poblaba, los policías me hicieron una seña para que pasara al otro grupo, donde sólo caminamos yo y quien me acompañaba.

Traía la barba de siempre, pero también una playera que dejaba ver mis tatuajes. Y los árabes no se tatúan. Vía libre para los inocentes. Cosa diametralmente opuesta a los atomizadores de partículas que he visitado en uno que otro aeropuerto norteamericano. Así se nos ve en gran parte del mundo.

Sin embargo, mis peores revisiones las he pasado en fronteras árabes. El éxito del totalitarismo en nuestros países proviene de la tradición árabe, según la cual el individuo y sus libertades no importan como nos gustaría a quienes las vivimos en otras latitudes. En este caso —como en muy pocos otros, casi ninguno— una parte del prejuicio encuentra justificación. Mientras no se logre que el mundo islamoárabe rechace las prácticas que oprimen las libertades y los ejercicios de secularidad dejen de ser un mero espectro temporal, será difícil que, incluso entre árabes, nos aceptemos como iguales en el marco de un lenguaje común que, aunque por momentos parezca plagado de errores, tiene más virtudes de las que aceptamos, entre ellas, la laicidad. El único terreno donde las diferentes culturas se pueden encontrar es en la decisión de vivir en conjunto por encima de las creencias, y las creencias distanciadas de la espiritualidad, que no deberían de entrar en conflicto —si lo hace, es prueba de que ya se construyó un dogma.

Ese terreno es un camino de dos vías, en el que Occidente tiene la obligación de seguir los mismos pasos.

¿QUÉ ES EL ISLAM?*

El islam es una de las tres grandes religiones abrahámicas. Pero, a diferencia del cristianismo, el islam no tomó forma en la institución de la Iglesia. El islam es una comunidad de creyentes. Es la religión de los musulmanes. Es el dogma que da cuerpo al Corán, su libro sagrado.

Y el Corán es un conjunto de leyes, un método de gobierno. Para los fieles, es la palabra de Dios y la pluma del profeta. Es intocable. Lo acompañan la sharia, la ley islámica, constituida para adecuarse a los tiempos y su interpretación del libro sagrado; y los hádices, los relatos.

Pero, si hay un solo libro, si hay un solo profeta, ¿por qué hay distintos musulmanes?

Al morir, Mahoma fue sucedido por cuatro califas y una gran batalla.

La división del islam dio musulmanes sunitas y musulmanes chiitas. Y sunitas salafistas y chiitas alauitas. ¿Cuáles son sus diferencias?

El islam ortodoxo es política, es Estado.

¿De dónde surge el fundamentalismo?

¿Qué dice el islam de los hombres, de las mujeres, de la moral, de la ley y de la educación?

Todo: el islam es el pilar constructor de una civilización.

---

* Transmitido originalmente en el programa *Así las cosas*, de W Radio.

Bases para discutir contra la religión

Antes de viajar por el tiempo y destinos que seducen entre dunas y mares de agua demasiado salada, con la intención de explicar —primero a mí mismo— una de las grandes incógnitas de Occidente, es importante diferenciar ciertos conceptos que tienden a diluirse, sobreponerse y contraponerse: dogma, creencia, creyente, laicismo y espiritualidad.

Dogmas hay muchos, son la institución de lo inapelable. Conceptos que rechazan el cuestionamiento y ponen su postura por encima de quienes no los compartan. El dogma depende de las nociones de correcto e incorrecto, imposibilitados para convivir. No son sólo opiniones, son fundamentos. Si yo, que acepto el dogma, tengo la razón, tú, que no lo haces, te equivocas. Toda religión parte de una estructura dogmática, pero también algunos sistemas económicos y la mala política o el mal ejercicio político —el siglo xx y lo que llevamos del xxi nos han dado incontables ejemplos—. El capitalismo es dogmático; el comunismo y el socialismo, también.

La creencia es la manifestación del dogma. Se trata de los recursos con los que el dogma se concreta en los individuos. Las creencias sí son opiniones, son el punto de vista de cada quien sobre un hecho, a veces dogmático, otras no. Es un campo personal que permite la interpretación, el cambio y el rechazo. Permiten la movilidad, a diferencia de la inmovilidad que el dogma impone. En ellas, se incorpora un elemento en el que convergen el dogma y la civilidad: el arrepentimiento. Si bien las creencias operan en conjunto gracias al grupo, son, al mismo tiempo, absolutamente individuales.

El creyente es la figura individual de la creencia: es el hombre —esto no es una calificación de género, sino de especie, no perdamos tiempo en ello—, y éste, a su vez, es un sujeto dual. Habita en dos planos, el público y el privado. Hay quienes creen que la individualidad puede estar conformada desde la creencia, pero el individuo al que le interese convivir con el no creyente está obligado a situarse en un terreno donde su creencia no interfiera con el otro, y al hacerlo estará abdicando al dogma que le da la ilusión de superioridad sobre quien no comparta su interpretación de la realidad. Hay quien llama a esto respeto; otros, tolerancia. Lo tomaré como la construcción de un espacio donde no importen las perspectivas sacras de ninguno de los dos: la laicidad. Bajo este principio el individuo no se reduce a sus creencias, porque pueden ser distintas a las de otros, sino que se asume a partir de algo mucho más básico y, a la vez, más complejo, catapulta para las discusiones más arduas y universales: sus derechos y obligaciones ante los demás. Es decir: el individuo se convierte en ciudadano.

No es raro enfrentarse a la visión que marca a la laicidad como otro dogma. Se trata de un pensamiento que ve en lo laico la manifestación funcional del ateo o del agnóstico, y que no se detiene a estudiar las diferencias entre un acuerdo que surge de la racionalidad cívica y otro que nace de la voluntad divina. Mi defensa del pensamiento laico proviene de una consideración práctica, de una ventaja que no encuentro en ninguna otra postura. Podemos ponernos de acuerdo para vivir en conjunto si adoptamos una serie de normas discutibles entre nosotros —mediante tribunas, elecciones, consensos, etcétera—. Pero es imposible tener dicha discusión entre individuos y un ser o institución todopoderosos. Así, si el hombre que vive en grupo puede responder a las reglas de la sociedad, no podrá obedecer también a las reglas de Dios. Unas y otras son excluyentes por un principio de equidad. Dado que las creencias son algo tan personal con lo que no me puedo meter, necesito sacarlas del partido al momento de jugar en un universo de variables. Para que el agnóstico, el ateo, el cristiano, el judío, el budista, el musulmán, el krishna y no sé cuantos más podamos sentarnos en la misma mesa, debemos encontrar un lenguaje compartido. Ese lenguaje es —hasta ahora, porque no hemos encontrado otro que funcione mejor para este propósito— el piso laico, donde las creencias privadas no afecten la vida pública. Esta vía tiene la posibilidad de garantizar que lo privado dependa de cada quien, y es entonces importante definir lo que es problema de uno o de muchos. Lo público se entiende fácilmente desde la convivencia directa, las instituciones estatales y la calle, pero también desde un aspecto que sobrepasa las particularidades de cada población o sociedad. La violencia a un individuo no es sólo problema exclusivo de ese individuo, es de todos. Y determinamos lo que es violento a partir del ataque a lo que compartimos sin distinción: la vida y la dignidad humana.

Estos valores que expongo para revisar las complicaciones que tiene el islam y su coexistencia con el mundo no islámico —también las tienen otras religiones, pero no estoy escribiendo sobre ellas— excluyen un elemento filosófico y metafísico: la espiritualidad. En *Reserva del vacío* escribí: "En lo espiritual encontramos lo más profundo del hombre, la esencia del pensamiento y la totalidad". Ahí radica su diferencia con lo religioso. Esa totalidad es la totalidad del individuo. Como yo soy otro ante él —y él es otro ante mí— me impongo no juzgarla, sólo por mi convencimiento de los valores laicos. Simplemente no voy a entender esa otra totalidad. La espiritualidad árabe, como cualquier otra, llega a convertirse en el motor impulsor de las cualidades humanas. Yo he decidido que mi motor sea la razón, como alguien más puede elegir que sea el misticismo. Sin embargo, la vida pública, nuestra naturaleza social, así como la limitación geográfica que nos lleva a compartir un único planeta, me hacen exigir que la espiritualidad no entre en las variables que determinen la vida en conjunto. Una vez más, el único espíritu que permite esa convivencia es el espíritu laico, porque nos hace iguales en lo más primario: nuestra humanidad.

A MANERA DE BREVIARIO:

- El musulmán es el creyente en la fe islámica.
- Lo islámico es aquello referente a la fe islámica, no al islamismo.
- El islamista es quien lleva la creencia al nivel ideológico. En el discurso políticamente correcto, se habla de islamistas moderados y radicales. Son matices de buena voluntad. El islamista busca establecer sus ideas políticas y religiosas. Los métodos marcan la diferencia y, sin duda, los violentos tienen poco que ver con los que no lo son, pero, siempre, buscar imponer un dogma de fe y sus estructuras sociales llevará al radicalismo.
- Los fundamentalistas parten del convencimiento de su verdad como única verdad permisible. En defensa de ésta, emplean los mecanismos que consideran necesarios y justificados para imponerla. Son el epítome de cualquier pensamiento religioso y su violencia.
- El yihadismo y los yihadistas provienen de la interpretación que hace de la Jihad, la Guerra Santa, el camino de la fe y una obligación del islam primitivo. Ha sido terreno de validación para el fundamentalismo moderno.

LA HISTORIA

Sería muy cómodo y realmente limitado escribir sobre el islam desde mi perspectiva atea, por momentos agnóstica, sobre todo cuando en medio de mi ateísmo reacciono como creyente de la no creencia. La descalificación me llevaría a encontrar la incapacidad de ésta y otras religiones para mantener su línea narrativa sin incongruencias que las alejen de cualquier lógica y razón. No es la idea aquí; eso ya lo hice en otro libro.

La relación del islam con el resto del mundo no se limita a sus textos. La historia de su construcción como religión y como Estado pide la revisión de los paralelismos entre el desarrollo de los discursos islámicos y la secuencia histórica. No estoy seguro de que otras creencias posean tal correlación, y menos, si es que las hay, que fueran tan recientes. Su cercanía a lo contemporáneo no depende de lo nuevo del islam frente al judaísmo o cristianismo, sino de la propia naturaleza del sentimiento musulmán.

Dos momentos son clave en la fundación del islam: el de La Meca y el de Medina. En el siglo VII, el control regional se encontraba en manos de clanes, los conjuntos de tribus. Entre varios más, destacaron uno proveniente de la rama de los Ummayad y otro, su rival, de los Hachem. Mahoma, pastor de profesión, perteneció al segundo. De forma similar a lo que ocurrió setecientos años antes para la historia cristiana, en la misma época del Profeta circularon otros profetas y, como él, todos los que tuvieron algún éxito usaron ideas del monoteísmo judeocristiano.

Aquí la historia del islam posee tintes shakesperianos. Mahoma fue criado por su tío, Abu Taleb, hombre pobre y padre de Ali ibn Abi Taleb —el nombre será importante más adelante—. La Meca vivía del comercio y de la usura, de la renta de dinero y sus abusos. Los primeros versículos del Corán tienen su origen en ese lugar y en las preocupaciones del profeta: en la contraposición de la ciudad del comercio con Yathreb, la posterior *Medina* islámica, donde las tribus trabajaban la tierra. Esos primeros versículos apelan a la igualdad y la conciencia de los ricos. Los textos iniciales indican que para ganar el paraíso se puede alimentar a un huérfano o liberar a un esclavo. Los pobres de Medina se aliaron con Mahoma, pero éste no prohibió la esclavitud, simplemente recomendó tratar bien al esclavo y no pegarle en la cara. Es ocioso juzgar esta postura con una mirada contemporánea, pasaría lo mismo si revisáramos el pensamiento de Platón, Aristóteles, o incluso el de Churchill con los valores actuales de Occidente.

Las bases sociales del Corán fueron, y siguen siendo, un pilar de su éxito y de la pronta proliferación de fieles. Revísese la revolución más cercana a sus recuerdos y empatías para entenderlo. Varios comerciantes jóvenes, no muy ricos, se adhirieron a Mahoma. Entre ellos, Abdullah ibn Abi Quhaafah, mejor conocido como Abu Bakr, quien quedó en ruina al destinar sus recursos para financiar las prédicas.

La Meca, donde vivían los nobles, se resistió a la doctrina, pero al sexto año de la revelación, un notable mequita se convirtió al islam y mostró que la religión no sólo era refugio de los marginados. Su nombre era Omar ibn al Khattab. Pero Mahoma no iba a convencer a los ricos de dejar de serlo y se dispuso a la guerra; sus seguidores usaron la fuerza para tomar los bienes de las caravanas de mercancías. Hubo peleas verdaderas y la nueva fe se impuso. Otros notables se volvieron musulmanes, entre ellos, generales, personajes de gran nombre que negociaron la rendición de La Meca. Se sumaron los que una vez fueron enemigos de la comunidad de creyentes. En 630, Mahoma entró a la ciudad sin mayor resistencia y recibió la sumisión de judíos y cristianos, a los que se les permitió mantener su fe a cambio del pago de un impuesto, la *jizia*. Los llamaba "la gente del libro".

A la rendición siguieron dieciocho años de combate por parte de los remanentes de la oligarquía mequita. Con su dinero, vino la recuperación del islam y la integración del hijo de uno de las grandes familias del clan Ummayad. Lo llamaron, Osman ibn Affan.

§

De acuerdo con la creencia, Mahoma escuchó la palabra de Dios. Es el último de los profetas. Reconoce a los profetas judíos y al mesías cristiano. La institución del islam buscó la unanimidad de las tribus desunificadas; en esta unicidad, aunque siguieron existiendo grandes diferencias entre los capitales de unos y otros, la intención de equidad marcó el principio rector del grueso social. Para lograrlo —igual que con los regímenes que dijeron defender el mismo propósito durante el siglo xx—, la única forma era el control absoluto de la sociedad. Así, el Corán se erigió como columna de la sociedad, dentro y fuera de las casas. La familia, base de las tribus, se mantuvo como el núcleo de la comunidad y se reglamentó el total de sus actividades. Al hacerlo, los musulmanes formaron un conjunto tribal, pero sin instituciones.

Dos años después de la toma de La Meca, en 632, murió el profeta y lo sucedió Abu Bakr, aquel comerciante que asumió y defendió la nueva fe —además, suegro de Mahoma por su primera mujer—. Fue el primer califa de los musulmanes, la primera cabeza elegida por la comunidad. Su califato duró poco más de dos años y fue seguido por Omar, el notable de La Meca.

En el mito Omar simboliza la mejor de las cualidades de la fe musulmana: la austeridad. En este momento no tiene importancia discutir la veracidad de sus acciones, como las de ningún otro personaje religioso. Su existencia literaria permite el establecimiento de convenciones que residen en la conciencia popular y, con ellas, la certeza histórica deja de ser necesaria para la construcción de la narrativa que deriva en la creencia del creyente. Al final de su mandato, Omar decretó la prohibición de la esclavitud. Pero esto sólo duro un tiempo. El califa dijo: "Sobre el árabe no hay propiedad". Sin nación, nacionalizó las tierras y se dice que trabajó por la igualdad y la justicia. Terminó asesinado. Fue seguido por el tercer califa: Osman ibn Affan, de los Ummaya, rivales del clan Hachem del profeta. También era su yerno, sin embargo. También su primo. En el mundo árabe todos somos primos.

La elección del nuevo califa fue el triunfo de las clases nobles de La Meca, que habían sido convertidas a la fuerza en los primeros años de la era musulmana. Se trataba de tribus que llegaron a ser profundamente antiislámicas, pero que descubrieron en el dogma constituido la forma de volver a sus virtudes originales: sabían hacer dinero del dinero. Osman ya era viejo cuando tomó el poder e hizo a su sobrino Muauia gobernador de la provincia más rica del islam: Siria. Fue la época del nepotismo. Primos por doquier controlaron las posiciones altas del poder. En 656, Osman fue asesinado y su lugar fue tomado por Ali, el último de los cuatro califas ortodoxos que serían reconocidos por todas las ramas de la fe musulmana.

Ali era un devoto de los principios fundadores del islam. Muauia y los Ummayad lo acusaron del asesinato del tercer califa y, en respuesta, Ali decidió cambiar a los gobernadores de las provincias que impuso su predecesor. Iniciaron las batallas que culminaron con la gran división del islam en 657. Muauia era un talentoso político y manipulador; Ali, un ingenuo bienintencionado. Tras una batalla en Saffin, la actual ciudad de

Raqqa,[6] entre los territorios de Siria e Irak, los combatientes enviaron emisarios a discutir lo que pudo ser una incipiente negociación diplomática. En casa de mi abuela se contaba la historia: el representante de Ali tomó la palabra y le dijo a su señor: "Como me quito este anillo te quito, Ali, de la dirección de los musulmanes". El que hablaba por Muauia interpeló: "Y yo, como me pongo este anillo, te confirmo, Muauia, a la cabeza de los musulmanes". A partir de este momento se dividió la comunidad de creyentes. Nació el imperio Ummayad con su ortodoxia, la sunna, que contenía una visión de Estado que a Ali, cobijado por la ingenuidad de la fe, no tuvo. Su grupo llevará el nombre de "la comunidad de Ali", o *Chi'at Ali*, o Chi'a. Cada uno en un hemisferio opuesto de la misma creencia e inmersos en el universo de las contradicciones. La sunna de los sunitas permitió la culminación del sueño del profeta sobre la unicidad de las tribus en una sola conformación, la religión de Estado y ley. Su hegemonía se extendió por todo el territorio árabe mientras que el chiismo se refugió en el territorio que comprenden Irak y, con el tiempo, Irán. En la búsqueda de los principios fundadores, el chiismo quedó relegado a las minorías y se transformó rápidamente en ideología. Para los chiitas, llegará un personaje a restablecer el orden y ese alguien, idealmente, será descendencia en línea directa del profeta. Esa obsesión estructural marcará la principal diferencia entre las dos corrientes. En cambio, para el islam sunita, el orden es tan perfecto como la poesía árabe [sic], de la que provino el texto sagrado que dictó Dios. Como dije antes, para entender a los árabes hay que hacerlo desde la lengua y la literatura.

El islam de los siguientes trece siglos arrojó lo mejor y lo peor de la cultura islamoárabe. No me detendré a revisar hitos positivos y negativos; no será difícil encontrar textos que lo

---

[6] Raqqa volverá a ser importante catorce siglos más tarde, durante la intervención occidental contra el Daesh tras los atentados en París el 13 de noviembre de 2015.

hacen mejor de lo que yo podría. Está la conquista a España, está el período del letargo y el conformismo, sobre todo en la sunna. También vendrán los imperios y los grandes adelantos científicos. El imperio Umayyad, luego el Abasida. Bagdad y Saladino. El intercambio intelectual con el resto del mundo. Las cruzadas.

Quizá lo más importante para el análisis conceptual del mundo musulmán y su relación con lo no islámico se encuentra en las estructuras del sunismo y el chiismo. La sunna, al convertirse en la versión ultraestatizada del proyecto de nación musulmana, generó escuelas y academias que estudiaron los elementos filosóficos de la conformación de la comunidad: la tradición y la ley. De la chía surgieron los cismas. La rigidez de la sunna fue el principio de no aceptación para la contraparte chía, que, en su insistencia por encontrar al hombre que restaurará al mundo, su mundo, se dio a la tarea de construir cuadros clericales que los diferenciaran de la horizontalidad sunna. La chía conforma la tradición imán que replica y es análoga al pensamiento cristiano de los apóstoles. Doce apóstoles de Jesús, doce imanes del profeta. Dicha estructura sirve como instrumento mesiánico de doctrina y como posibilidad de continuación para la revelación. Así, la historia de la filosofía chiita se alarga en el tiempo y de ella derivan algunas ramificaciones, como el pensamiento sufí —que se sumerge en el misticismo de la introspección, cosa malentendida en occidente—, y el alauismo, cuyos seguidores responden a la adoración de doce imanes de uno de los descendientes del profeta. De estas divisiones destaca la organización de cada gran rama. A estas alturas, con el vaivén de información acerca del islam en todos los medios posibles, es común escuchar que éste, a diferencia del cristianismo, no está centralizado en una institución religiosa. Cierto, no hay vaticanos, papas u obispos en los que descansen las decisiones y reformas que permitan a la doctrina ajustarse al paso de las épocas. Esto puede plantear a los no musulmanes un problema similar a la filosofía de Estado. El islam no necesita una institución, es el Estado mismo. La ortodoxia de la sunna depende de la intención unificadora del islam, de esa comunidad y sentimiento comunitario que prescinde de una jerarquía como la cristiana. Su horizontalidad permite tomar decisiones, pero, en realidad, no hay decisiones que tomar porque *el mundo es perfecto como la poesía*. Las propias fracturas fundadoras de las vertientes hicieron que la chía necesitara de la creación de estructuras clericales más definidas y verticales. Es en 1978 —con las revueltas que resultarían en la revolución islámica en Irán al año siguiente— que estas estructuras se exacerbaron en la subjetividad religiosa de la figura del Ayatola. Sin embargo, a pesar de sus intenciones horizontales, la conformación de un Estado en términos terrenales obligó a la sunna a buscar sus propios cuadros jerárquicos, tal vez contradiciendo su propia idea de horizontalidad.

La inmovilidad que implica la noción de perfección derivó en escuelas donde, durante siglos, se comentó lo comentado por otros estudiosos, estudiosos de los estudios. En eso se transformaron siglos de nula autocrítica sunita. De forma paralela al sufismo chiita, en algunas escuelas o madrazas *suni* se promovió entre los alumnos la revisión interior de la conciencia, cuidando evitar las intenciones políticas que marcan la identidad chía. De esos períodos de revisión, en el siglo XVIII, surge Muhammad Abdel Wahab, quien intentó recuperar algunos de los preceptos originales del islam y el profeta en su propio ejercicio de austeridad. Estancada la región sunita en un conformismo que impedía el éxito político, un jefe de tribus atrajo a Wahab y lo utilizó para trasformar sus ideas en una ideología que le permitiera expandir sus ambiciones y controlar una vasta extensión de territorio. Ese jefe tribal se llamaba Muhammad ibn Saud. El wahabismo se estableció en Riad, luego fue expulsado hacia Kuwait, pero los Saud y la nueva ideología regresaron con Abdel Aziz ibn Saud, hijo de Muhammad. Bajo su nombre y con él a la cabeza, se constituyó uno de los estados más poderosos de nuestro tiempo: Arabia Saudita. La arabia de los Saud.

El wahabismo original tiene poco que ver con aquello en lo que se transformó. No hubo intenciones puritanas e ingenuas de igualdad ni de justicia, sino el empleo de una doctrina para el beneficio político de las oligarquías regionales, que se aprovecharon de la inmovilidad del discurso religioso para defender sus propios intereses desde el salafismo. La palabra árabe *salaf* se refiere a los de antes, a los que precedieron a los nuevos. El wahabismo saudí encontró en el salafismo la justificación para reavivar el islam primitivo, que —aunque lo consideraban puro y noble— tergiversaron para dar lugar a una ideología dentro de la ideología.

Las creencias encarnan en creyentes. Los instrumentos dogmáticos se afincan en los individuos y éstos tienden a constituirse en círculos constantes de reafirmación y justificación.

UNA TRADICIÓN INFAME*

Soy incapaz de digerir el tamaño de la tragedia, la mayor de todas en la actualidad. Simplemente no puedo formarme una imagen en la cabeza; nadie que no la haya vivido puede. Más de 140 millones de mujeres mutiladas por tradiciones bárbaras. Venga, ignoren una sola de ellas —que son varias— y se estarán acercando a solaparlas. Ninguna de estas tradiciones justifica el sufrimiento que causan, y que nosotros, con cobardía y un pudor absurdo, evitamos nombrar o conocer más a fondo. Si acaso nos referimos a ellas, es para refugiarnos en la comodidad de nuestra supuesta conciencia. Seguramente eso harán algunos, la próxima semana, cuando sea el día contra la mutilación genital femenina.

Mientras escribo, el café que bebía, intentando entender las cifras y los detalles de tal práctica, se convierte en ginebra, con el propósito de aliviar el nerviosismo que provoca leer los testimonios de las víctimas. Es inútil, no hay estómago que aguante.

Hablar de este tema pide evitar eufemismos y rodeos. En el epígrafe de una novela cité a Camus: "Mi intención, por el contrario, es hablar de ello crudamente. No por el gusto del escándalo, creo, ni por una natural inclinación malsana. Como escritor, siempre he tenido horror a ciertas complacencias;

* Publicado originalmente en *Sin Embargo*, el 30 de enero de 2015.

como hombre, creo que los aspectos repugnantes de nuestra condición, si son evitables, deben afrontarse en silencio. Pero cuando el silencio o las astucias del lenguaje contribuyen a mantener un abuso que debe suprimirse, o una desgracia que puede aliviarse, no hay otra solución que hablar claro y demostrar la obscenidad oculta bajo el manto de las palabras."

La mutilación genital femenina ocurre en veintinueve países, la mayoría africanos —Somalia, Sudán, Mauritania, Djibouti, Guinea, Chad—. Hay uno que otro caso en América o Europa, pero siempre en medio de las diásporas. En Egipto, los datos de la UNICEF indican que el 90 por ciento de las mujeres entre 15 y 49 años, sin importar su religión, ha sido sometido a la ablación. Ahí, esta semana, por primera vez desde su prohibición en 2008, han condenado a un médico por practicar la salvajada. Una versión, que hay varias y cada una es más escandalosa que la otra. En unos casos, jalan el clítoris con los dedos y lo cortan con una cuchilla, o bien, remueven el clítoris y los labios internos o externos, puede que ambos, dependiendo del sinsentido. La forma más brutal consiste en quitarlo todo y coser la vagina, con hilo, cual saco de verduras, dejando apenas una abertura de milímetros que permita correr la orina y los fluidos menstruales. La vagina se descose para el sexo, a veces con una navaja, otras con la supuesta gallardía de la viril pareja, el muy infame caballero. Se sutura de nuevo y se reabre para el parto. Ciento cuarenta millones de mujeres viven hoy mutiladas de alguna de estas formas; el 20 por ciento con infibulación, la tercera versión de este ritual, la más criminal de todas. En ocasiones, el practicante —que tiene poco de médico— muestra a la familia de la niña la parte amputada y exclaman: "¡hay que cortar más!". Ocho mil operaciones cada día. ¿Cómo hacemos para que nuestra tarde sea normal después de saber esto?

Una vieja nota ha corrido a la par de la noticia egipcia. Abu Bakr, jefe del Estado Islámico, ordenaba la mutilación de dos millones de mujeres entre 11 y 46 años, en la ciudad iraquí de

Mosul. La información original salió en junio de 2014, a través de Naciones Unidas. De entonces a ahora, ¿qué habrá sido de ellas? Occidente, en la actitud que lo caracteriza, tardó en darse cuenta de algo a lo que le debió prestar atención en su momento. Sólo hubo una suerte de protesta efímera que en realidad no le importa a nadie, o importa tan poco que los seis meses que pasaron fueron vapor de agua. Allegados al Estado Islámico y uno que otro periodista en la zona han desmentido la declaración. Lo pudieron hacer o no. Puede ser cualquiera de las dos cosas, ninguna le sorprendería a nadie, como tampoco sorprende la indiferencia del mundo entero. Sin contar a estas iraquíes, a la lista se sumaron 1,760,000 víctimas.

En los recuerdos de mujeres adultas se siguen escuchando los gritos propios mezclados con los de otras niñas. Una navaja de afeitar mutilaba a la hermana o a la amiga, mientras un grupo de chicas, acompañadas de sus madres o tías, esperaban su turno. La anestesia, que no siempre es empleada, reduce el dolor del momento; en su ausencia, las convulsiones y el desmayo son inevitables. Luego viene la recuperación, semanas en cama hasta poder caminar de nueva cuenta, pero el dolor sigue y sigue. Desaparece y vuelve con las infecciones, con la memoria, con la abdicación a toda esencia, de mujer y de persona. Todo para que ellas sean limpias, buenas, exentas de sí mismas, libres de inmoralidad. Afirman con desfachatez. Carajo; somos despreciables.

Aquí no se trata del posible primitivismo de una doctrina, algo que se les da a todas. El Corán nunca menciona la ablación como un requisito; la escisión del clítoris es una práctica preislámica que nada tiene que ver con el islam. Ninguna de las esposas del profeta fue sometida a la clitoridotomía. Volvemos a la interpretación idiota de unas escrituras ya de por sí complicadas. Es mero salvajismo y crueldad humana. Es el horror de nuestra especie. Es la guerra santa llevada a la intimidad, al punto en que los santos no cuentan —estos ya hacen su propio daño—. Sólo importa la hegemonía del patriarca.

LA LEY

Es prudente acercarse al islam desde sus orígenes y necesidades incipientes, entendiendo dónde fue concebido y a quién quería llegar. Para que las tribus conformaran una unidad, era imprescindible encontrar los mecanismos que las regularan, y hasta hace muy poco, esos mecanismos sólo se encontraban en la fe, tanto en Medio Oriente como en cualquier otra parte. Para evitar que estas regulaciones pudieran interpretarse al antojo —primera gran ironía en la ortodoxia del islam contemporáneo, que sí lo hace—, las reglas debían ser sencillas y aplicables sin mayor complicación. El islam ejecuta un sistema geométrico de *síes* y *nos*. Lo que está bien y lo que está mal. En otras sociedades, esta distinción entre el bien y el mal se desarrolló a partir de la filosofía y la moral, pero en el caso árabe, por la injerencia de la religión en los esquemas sociales, la ley y la moral terminaron por ser la misma. La moral árabe es, entonces, increíblemente parecida a los valores legislativos de la religión musulmana.

En un primer esfuerzo, el profeta buscó proteger a los pares después de constituirlos como tales, para garantizar la comunidad con esa protección, así como su desarrollo comunitario, no individual, ya que el desarrollo individual, por regla, termina atentando contra la homogeneidad del grupo.

Existen dos fundamentos base dentro del islam: la ley y la tradición, cada uno frente al otro en eterna convivencia.

Hablar del islam es hablar de tres conjuntos de textos que se integran: el Corán, la chari'a y los hádices; el *hadith*.[7] El libro sagrado, la ley islámica y los relatos; la transcripción de la tradición.

De las dos partes del Corán, la escrita en el período de La Meca contrasta con la de Medina. En la primera, se lee la búsqueda unificadora de los creyentes en un entorno desfavorable; en la segunda, el islam se transforma en esquema de gobierno y regulación. El período *madini* —o de La Meca— representa la figuración de leyes divinas para todos los quehaceres de la vida: relaciones, parejas, comercio, herencia, propiedad, atributos y obligaciones, etcétera. La estructura del libro es fundamental para su cumplimiento. El *Cur'an* remite al acto de leer, al libro para ser leído y recitado en voz alta. Sus textos no tienen la intención de ser analizados, sino aprendidos y replicados.

Algunos de los conceptos coránicos son la base de todo lo que vendrá después. Si el Corán es la palabra de Dios, ésta jamás podrá ser imitada —vale la pena pensar en las diferencias entre la réplica y la imitación—, por lo que ninguna traducción podrá contar con el valor de la palabra original: el árabe. El *i'jaz*, el dogma de la imposibilidad de imitación, impone el rechazo a cualquier Corán escrito en otra lengua, obligando a que un musulmán británico, belga o chiapaneco, aunque no hable árabe, deba recitar en esa lengua, *lugha*, el texto sagrado bajo el que rige su vida.

Las regulaciones en esta etapa del islam estaban dirigidas a resolver algunas de las injusticias de la sociedad preislámica, en la que la usura y otros abusos propiciaban el desajuste de un mundo que era necesario ajustar. Del período *madini* es la prohibición del juego de azar —quienes venimos de familia de jugadores, sabemos la catástrofe a la que puede llevar una partida de cartas—; también el veto al monopolio de mercancías

---

[7] El *hadith*, si bien es un grupo de textos, se puede entender como la ciencia religiosa que estudia la tradición.

y al engaño sobre pesos y medidas. Pero las conquistas otorgan imperios y al convertirse el islam en uno, el Corán resultó insuficiente para hacer frente a todos los asuntos de un territorio tan vasto y variado. Para solucionar esto, se constituyó un conjunto teórico que se llamó la chari'a, y al estudio de estas leyes se le nombró el *fiqh*, la ciencia de la ley.

Algunas de mis mayores y más frecuentes discusiones son con quienes abogan por el derecho de autodeterminación de los pueblos, sin fijarse en matices y cancelando la posibilidad de un debate que rescate las bondades de la idea de un bien mayor. Es común en Occidente —aunque no siempre ocurra de la mejor manera— que, al referirnos al papel de las leyes, contemplemos su función hacia las sociedades, enfocándonos en los derechos que la población encuentra en los esquemas legislativos, no en las limitantes. Todos los avances en derechos humanos parten de este principio. En la chari'a, la entidad en aras de la cual se adecua la ley no es la sociedad, sino el propio Corán. El *fiqh* estudia el conjunto teórico de leyes en función del texto sagrado, deduciendo la solución a los problemas que surgen con el paso del tiempo de la interpretación de lo escrito. Es decir, atreviéndome a ser terriblemente burdo, el Corán no dice cómo debe andar en bicicleta una señorita por la calle, porque no existían las bicicletas. El *fiqh* decidirá qué paralelismo escrito en el Corán se debe aplicar para que la *chari'a* regule el comportamiento de la conductora del aparato de dos ruedas. Al no conformarse el islam en una institución eclesiástica, es el *fiqh* el motivo de las divisiones al interior de las grandes ramas de la fe, en especial en la *sunna*. Esta carencia de una Iglesia no es gratuita; la regla base de la doctrina es la constitución de una comunidad de creyentes, y para lograr la consagración de la comunidad se establece el *ijma*, o regla de unanimidad, que mencioné hace poco. Pero la unanimidad se logra mediante la formación, como lo hizo el gobierno chino tras la Revolución cultural —que no tenía un fideo de revolución—, y las herramientas formadoras por excelencia son la escuela y la tradición;

sus principales vehículos, la *madraza* (escuela) y la familia. A partir de éstas, se pueden entender todas las condiciones que rigen la cultura de los territorios islámicos.

El *ijma* y la tradición son las bases de la cultura. Nada se censura tanto como la diferencia, nada se rechaza de forma más violenta que el cuestionamiento a la tradición. Se tiende a creer que dichas condiciones son exclusivas de los países islamoárabes; sin embargo, éstas encuentran un espejo en las sociedades latinoamericanas, aunque quizá sin su violencia, sobre todo en los círculos intelectuales o que se autodefinen como pensantes. El "estás conmigo o contra mí" también marca el espíritu político de nuestro continente.

El proceso de socialización y unicidad tiene cinco pilares, cinco obligaciones que todo creyente del islam deberá seguir: la aceptación de la fe —como acto de pertenencia al grupo—; la oración —cinco veces al día y en dirección a La Meca—; el ayuno en Ramadán —el mes sagrado—, del alba al ocaso; el azoque —que podríamos entender como el diezmo—, y la peregrinación a La Meca, al menos una vez en la vida.

La primera ocasión en que viví en un país árabe, algunas de estas obligaciones desataron mi curiosidad. Me sorprendió la invención de un reloj Casio que indicaba en qué dirección se encontraba la ciudad sagrada. Me llenó de envidia la construcción de un edificio al interior de las grandes mezquitas —la casa del dinero—, donde se resguardaba el azoque que daban los fieles en beneficio a la comunidad. Eran años más decentes, nadie tocaba estos recursos para su propio provecho. Las oraciones no tenían el carácter individual que estaba acostumbrado a ver. Todas se hacían en grupo y por momentos daban la ilusión de homogeneidad. Luego, en mis incursiones a diferentes mezquitas, descubrí cómo se organizaban y subordinaban los grupos de personas: los hombres de un lado, la mujeres del otro, los ciegos al centro. Ahí estaba otro rasgo esquizofrénico de la cultura árabe, que se lleva al discurso evangelizador y a la vida pública. Se respeta al individuo lo necesario para evitar su rebeldía, se le cobija en el seno del grupo para mantenerlo en unidad. Esto llevó a lo que, en Occidente, podemos considerar una perversión de la mayor jerarquía. En la defensa férrea de la comunidad, ciertas acciones dejan de importar tanto como el resultado social de su conocimiento. La transgresión de un pecado, ya sea un crimen o la falta a cualquiera de las cinco bases de la religión, no será tan grave como la divulgación del error o el delito. Es la vergüenza como motor y el triunfo del grupo sobre el individuo. La traición, tipificada como apostasía, no es la ignorancia de la ley, es su discusión; el castigo, la anulación.

Contrario a lo que se cree en Occidente, el islam no es sólo una serie de reglas impositivas o crueles. Las tiene, por supuesto, y son bárbaras, pero no son su principal defecto. Más grave aún es la posibilidad, pese a su prohibición, de interpretar los elementos escritos en el dogma en beneficio de quien los pueda aplicar. Y el islam creó las condiciones para que abunden quienes se encuentren en esa situación de privilegio. Al ser una doctrina que regula cada una de las actividades y que permite un campo teórico que adapta la regulación, el islam se constituyó intrusivo. Incluso se presume como tal, a diferencia de otras religiones que, aunque lo sean, se disfrazan de lo contrario. Esa pequeña diferencia de lenguaje tiene resultados catastróficos: la normalización de la intrusión y, con ella, de la violencia hacia los diferentes y el rechazo a la individualidad. El discurso políticamente correcto impide decir que una religión es proclive a los abusos, pero el islam lo es, y mucho —aunque en menor medida que el budismo, tan aceptado en ciertos sectores occidentales pese a que ejerce una estigmatización sumamente cuestionable sobre los atributos y derechos de hombres y mujeres, desde mi perspectiva, tan aberrante como la de la Iglesia católica.

Para que esa intrusión tuviera los resultados cohesionadores que se buscaban, se instauró, dentro del conjunto teórico del islam, una serie de reglas que aparecen en los diversos grupos de textos. El Corán dictado por Alá (Dios, literalmente), la chari'a y lo hádices (Hadith) —estos últimos constituyen el mejor ejemplo de la inmovilidad que impone la tradición—. Son los relatos de los allegados al profeta, es decir, lo que no se escribió en el Corán y que tampoco entró al campo de estudio de la ley. Sin embargo, tiene su función y validez al tratarse de lo que se asegura que se dijo y así se estableció como regla o modelo de comportamiento, para ser perpetuado en el tiempo. El Corán será uno e indiscutible. La chari'a es resultado de las necesidades de cada grupo, y los hádices se convierten en norma según la escuela. (Esto puede ser parecido a los evangelios aceptados en el mundo católico.) Son tomados como parte del cuerpo de la ley, asumiendo que la ley es el espíritu de la fe musulmana, tan fija como cambiante según las ramas del islam. El sunismo los incorpora por completo a su doctrina y marco regulatorio, mientras que la chía lo hace en menor medida.

Es frecuente que me pregunten sobre los contenidos del Corán y su relación con los eventos que marcan las noticias. ¿Qué dice sobre los atentados yihadistas? ¿Qué sobre las mujeres? ¿Sobre las decapitaciones a prisioneros de guerra? ¿Qué acerca de la violencia a no musulmanes? ¿A otros musulmanes? Insisto en pedir que se precise el lenguaje. No es el Corán, es el islam y su historia. Casi siempre, a esa serie de preguntas y respuestas le sucede una duda complicada. ¿El islam puede convivir con el resto del mundo? Y vuelvo a solicitar matices: ¿el islam contemporáneo puede convivir con el resto del mundo? Mi respuesta siempre es no.

Cada vez que el islam parece querer entrar a una etapa de reforma, da la impresión de que gira sobre una historia de encuentros y desencuentros que buscan regresarlo a la doctrina inicial, como si en verdad contara con las virtudes que le permiten coexistir con los diferentes países medio orientales, así como con los no musulmanes. Recientemente en un programa de radio afirmé que el problema quizá no es el islam, sino las religiones en su conjunto, pero, en estos momentos el mundo no discute sobre la barbarie del cristianismo o la impresionante facilidad y necesidad de exclusión de los místicos. Los puntos por los que Occidente enfoca el debate en el islam son los que chocan con los derechos humanos y garantías individuales. Los primeros se vuelven distantes o difusos en la diferencia de lenguajes; las segundas, en contradicción inmediata a causa del peso que los valores comunitarios tienen sobre las singularidades en el mundo islámico.

Evidentemente el islam no dice nada acerca de estrellar un avión contra un edificio, o colocar una bomba en una estación de trenes. Sin duda no hay una sola palabra que mencione, ni siquiera de forma análoga, el asalto a una serie de establecimientos lúdicos u oficinas privadas. De hecho, tampoco dice nada contra otras religiones; el islam es incluyente para todas las razas. Sin menoscabo de nadie, promueve la idea de igualdad entre el total de poblaciones, ignorando filiaciones religiosas previas. Frente a judíos y cristianos, por considerarlos precursores de su propia fe, el islam se identifica como responsable de protegerlos —siempre y cuando, y ahí la razón de la primera obligación de los creyentes, el individuo judío o cristiano se acepte como musulmán.

La importancia literaria del cómo sobre el qué y la génesis lírica de la suma de voces de un dios y un profeta fungen como pistola de suicida. Los textos recitan el pensamiento propio de un tiempo. Su infinita serie de obligaciones y prohibiciones remite a un mundo de esclavos, luchas tribales y sociedades primitivas. Antes de escandalizarnos, las oraciones que dictan cortar una cabeza o una mano deben ser leídas conforme a la época en que fueron escritas. Antes de poner el grito en el cielo, hay que entender las limitaciones de esa misma época —como en el ejemplo de la bicicleta que usé anteriormente— y ver cómo el avance del tiempo brindó nuevas variables frente a propósitos que en otro siglo parecieron perfectamente naturales.

Como el resto de las religiones, el islam favorece al hombre sobre la mujer. Esos beneficios parten, como siempre en el pensamiento islámico, de la intención unificadora y de la defensa de uno de sus pilares: la familia. Sería ocioso ponerme a describir lo que está permitido y lo que no. El machismo árabe existe y es evidente, pero es muy distinto al occidental; en el caso árabe, la mujer nunca crece, mantiene su naturaleza de niña, por lo que se cree que jamás podrá hacerse cargo de algo más. Si alguien está interesado en un mayor nivel de detalle, puede ir a la librería y comprar un Corán, en su lengua materna, aunque los creyentes ortodoxos lo descalifiquen. Sin embargo, hay ciertas normas fundamentales que me gusta recordar, más allá de las curiosidades que dan cuenta de lo que se debe decir, por ejemplo, al momento de tener una relación sexual, o las razones por las que se permite, dentro de la tradición y la ley de algunos países, que un hombre se case con cuatro mujeres. Así, me parece importante revisar aquellos conceptos que, desde una perspectiva histórica, me permiten observar en qué se transformó una ideología que remite a la evolución del pensamiento social. Esto me resulta tan cautivador que he dedicado gran parte de mi trabajo a intentar entender cómo las religiones dieron pie al pensamiento filosófico y luego al político.

El velo de las mujeres musulmanas es un ejemplo fantástico de lo anterior. Tendemos a creer que la ley les ordena cubrirse y encerrarse; no sólo en Occidente, también lo creen miles de musulmanes ortodoxos que habitan en países árabes. Según la tradición, Omar, el segundo califa del islam y cuñado de Mahoma, le recomendó al profeta decirle a sus hijas y al resto de las mujeres creyentes que se cubrieran la cara para que no fueran confundidas con esclavas y así nadie las ofendiera mediante el tipo de actos y propuestas que se usaban hacia las mujeres no libres. Ese pedazo de tela que para los occidentales representa la anulación de la libertad de la mujer musulmana —y en efecto lo es— tiene para nosotros un simbolismo opuesto al que tenía para el mundo musulmán, que, en sus principios, entendía la libertad como la ausencia de propiedad del individuo.

Desde mis primeros pasos por países árabes hasta los más recientes, he podido ver cómo ha incrementado el número de mujeres que usan el *hiyab*, un velo que cubre la cara dejando un espacio para los ojos, y que muchas veces se conoce como burka, pese a sutiles diferencias que no es importante precisar. La tela acentúa la separación entre hombres y mujeres, que puede llegar a grados infames, como los encontrados en Arabia Saudita, donde ellas no manejan vehículos y apenas hasta el 2015 se les permitió votar.

Cuando mi tío, un ingeniero sirio, se fue a trabajar a la península arábiga en un proyecto petrolero, su primera carta empezó con un: "Fantasmas blancos, en la calle sólo hay fantasmas blancos". Los hombres, vestidos con largas túnicas blancas, inundaban los mercados, mientras sus mujeres se encontraban en casa. El tío no soportó más de unos meses viviendo ahí. La práctica del velo y el encierro no pertenecen al campo de la ley, sino al de la costumbre, que termina por convertirse en ley debido a la tradición.

Ante lo que se viene anunciando, desde hace algunas décadas, como el regreso al islamismo —no en el advenimiento de los grupos fundamentalistas, sino en el aumento de usos como el *hiyab*—, es necesario aventurarse a revisar los porqués de esta especie de nuevo tradicionalismo. El auge del islam ortodoxo —como el de fanáticos cristianos en algunas partes de Estados Unidos— puede dar indicios, pero tendríamos que estar atentos a algo que siglos de historia nos han enseñado: los derechos básicos no son sólo para unos, o diferentes para los otros. Cualquier afrenta al individuo, independientemente de la cultura que sea, la menor violación a su vida y entorno, debe ser calificada con los mismos valores. Sin embargo, esa historia que nos ha llevado a un planteamiento como éste ha estado plagada de actos que ponen la vida de un hombre por encima de otros, como si fuera menos grave vejar al hermano que al vecino. La defensa de los derechos universales es una lucha constante de la humanidad, frente a la que me niego a claudicar.

Atreverse a juzgar las creencias de las sociedades implica un dilema moral que, por momentos, parece estar cargado de ínfulas de superioridad. Si alguien considera que los derechos individuales deben estar sujetos a criterios, no será éste el lugar donde discuta tal postura, que sólo puedo tachar de primitiva e infame. El dilema nos obliga a decidir, sin darle muchas vueltas, qué estamos dispuestos a defender en la vida. La sociedad árabe tiene grandes ventajas —que al menos yo prefiero evitar— frente a la individualidad occidental. Es común que en las sociedades occidentales el individuo tenga que protegerse del conjunto social; el niño abandonado por sus padres o víctima de la pésima paternidad de un hombre que abandona a la madre son testigos de nuestras faltas como conjunto. Es realmente complicado encontrar en Occidente un escenario similar al del mundo islamoárabe, donde nadie necesita protegerse de la sociedad porque ésta nace y se construye como órgano protector del individuo, a costa de la libertad.

Amin Maalouf —uno de esos ensayistas que describí como lo mejor del equilibrio entre cabeza y lengua que dio la literatura árabe del siglo xx— escribe en *El desajuste del mundo* una crítica al mundo árabe por su indigencia de conciencia ética. En paralelo, le reclama a Occidente su propensión a convertir su conciencia ética en herramienta de dominio. Habría que pensar en esto para entender por qué miles de jóvenes occidentales encuentran cobijo en el islam y cómo el islamismo, tras adoptarlos, determina sus acciones fuera de toda legalidad y anula cualquier noción de otredad.

La inmovilidad de la ley islámica contradice la interpretación que le dan los fundamentalistas religiosos. Si en verdad estaba clara, ¿por qué unos dicen que se refiere a algo distinto a lo que se afirma a la vuelta de la esquina?

Hay ciertas artes que dominan unos pueblos mejor que otros. La música alemana despierta mi fascinación como ninguna; no he encontrado par a la artesanía mexicana, y la retórica árabe entra en el rango de obra maestra. Para seguir con la línea de pensamiento, el arte arabesco también constituye un hito incomparable.

Una de mis posesiones que más orgullo me provoca es una serie de hojas pintadas a mano en el siglo XV. Contienen textos sagrados escritos en persa, y al anverso pueden verse diversas escenas de caza de hombres con turbantes y animales sometidos a punta de lanza. Si el islam rechaza el arte figurativo, es decir, la recreación, por la imposibilidad de representar como hombres lo que representó Dios, ¿cómo se explica tal pecado? Simple, no lo hay. En el arabesco, el dibujo es bidimensional, carente de la profundidad que tiene la vida. Si no es igual, no es representación, por lo tanto tampoco es herejía. Esta misma lógica se aplica al estudio de la ley, con la institución de la *hyal*. La trampa. Estamos ante una rama completa de la ciencia religiosa dedicada a cómo hacer lícito lo que no está permitido. De las escuelas jurídicas del islam sunní, la hanafita sostiene el principio de que la necesidad dictará las posibilidades de transigencia. Cuando este pensamiento se hace tradición por encima del aquelarre y se pone a merced del extremismo, todo tiene cabida.

Revisar en estos años cualquier estructura religiosa exige la atención a dos campos paralelos, el religioso y el político. He aquí el primer conflicto con la doctrina islámica: no es sólo una fe. A riesgo de resultar monótono, debo insistir en que la laicidad, por definición, es un concepto que no aplica a la religión musulmana, ya sea desde la perspectiva más congruente del no creyente, como de la más ortodoxa del creyente. En su conformación de una fe de Estado, en el islam, el campo político y el religioso son el mismo.

Anteriormente dije que la Iglesia católica también tuvo un momento en el que la doctrina funcionó de forma similar.

Sería inútil defender el papel de las coronas europeas en el siglo XVI. Es evidente que la laicidad se asoma de forma tímida en el simple juramento que se acostumbra en Estados Unidos para la toma de posesión de un presidente, o, incluso, el que un delincuente recita ante un juez. Mano en Biblia, la palabra del individuo tiene por garantía su fe y de testigo ya se puede uno imaginar a quién. Algo similar ocurre en otros países que se identifican como racionales en esos temas y que, en momentos decisivos, piden monja antes que legista y, como sucede en el caso argentino, el juramento se hace sobre los santos evangelios, para proteger la Constitución. O en Colombia, que se jura a Dios y al pueblo, como si fueran carne de la misma parrilla. Sin embargo, en todos los ejemplos modernos donde la fe católica se integra a las acciones civiles es complicado encontrar la integración republicana de los quehaceres doctrinales al mismo grado en que se ve en los países musulmanes.

No todas las opiniones son respetables[*]

En 1949, George Orwell dejó inconcluso un artículo sobre el escritor Evelyn Waugh; en él escribe: "aunque tal vez no se haya producido ningún avance en la inteligencia humana, las ideas predominantes en una época a veces son claramente menos estúpidas que las de otras." Se refiere al antisemitismo, racismo y distintas posturas, por decir lo menos, reaccionarias.

Los ensayos y artículos del escritor inglés son de esos textos que merecen ser consultados en repetidas ocasiones sin importar el paso del tiempo. En ellos, el lector encontrará las motivaciones de la cita anterior, tristemente válida a lo largo de la historia: por momentos, los humanos hemos cometido las mayores aberraciones contra nuestros semejantes. Individualmente, pareciera que no hemos avanzado mucho; afortunadamente sí como especie y, generalizando, como sociedad. Es innegable que hoy las condiciones de gran parte de la población del planeta son mejores que hace pocos siglos: ningún ser medianamente pensante se atrevería a defender la esclavitud o la segregación racial, aunque en otros tiempos esas prácticas estuvieron inscritas en los códigos establecidos incluso de los países más desarrollados. Algunos instantes de la historia moderna sirven para mantener cierto optimismo ante nuestras estructuras sociales:

---

[*] Publicado originalmente en *Sin Embargo*, el 27 de julio de 2014.

el movimiento de derechos civiles en Estados Unidos y el voto femenino pueden ser los más significativos, a partir de ellos se derivan varias de las mejorías en las condiciones actuales, permitiendo al menos la crítica y reflexión acerca de eventos que consideramos deleznables. Muchos de ellos, sin embargo, siguen ocurriendo diariamente en países africanos y asiáticos.

Hoy se cumple un mes del asesinato de Farzana Parveen, en Lahore, Pakistán, apedreada hasta la muerte por casarse sin el consentimiento familiar. Hace dos días fue detenida en Sudán Mariam Jahia Ibrahim, condenada a muerte por negarse a renunciar a su fe cristiana.

Las expresiones contra la lapidación de una mujer en países islamistas corren al unísono, se aplaude la salvación de una persona si el Estado o la agrupación que la condena a la horca por cuestiones dogmáticas decide suspender la pena, como parece ser el caso de la mujer sudanesa. La accion resolverá la vida de una persona, sin embargo, sólo es un destino individual el que estamos definiendo. No quiero quitarle un ápice de tragedia a la muerte, pero el principal problema ni siquiera es la muerte misma, sino los frágiles argumentos usados para castigar lo que se considera una acción o forma de vida contranatural —cambie usted la última palabra con la sandez que se quiera usar para calificar el acto condenado—. Si bien cuando nos referimos a estos actos de barbarie aceptamos que la condena impuesta resulta criminal y ridícula, la única forma de evitar que se sigan llevando a cabo estos asesinatos y detener la propagación del razonamiento que los legitima, es preocuparnos por las razones que llevan a estas personas a juicio.

Cuando la tragedia es consecuencia del salvajismo y la estupidez, lo que debemos erradicar es la estupidez misma. Si bien sobran las palabras para reprochar el asesinato de una persona, el crimen de ese castigo es ejecutado con las herramientas punitivas a las que tiene acceso tal sistema de gobierno o estructura de regulación, a veces fuera del mismo sistema legal. Aun en sociedades sin esas herramientas brutales, la presión jurídica y catalogación como ilegal de la actividad a castigar tienen un espíritu no tan distinto a la pena capital.

En Pakistán, durante 2013, fueron asesinadas 839 mujeres, acusadas de actos contra la idea que grandes sectores tienen de lo que debe ser la unión familiar. "Lo suyo no es una familia", les dijeron. Su delito fue tener relaciones o haberse casado con un hombre cristiano, diferente a los ojos de quien juzga. El castigo entra a algo que llaman la "muerte de honor", pero ¿qué es honorable; qué es deshonroso? Esta acción violenta se da en países como los antes mencionados y otros de mayoría musulmana, aunque el islam es claro contra esta práctica. Insistiré en que, si bien se trata de algo incuestionablemente despreciable, la idea que lo provoca es la que debería llevarnos al escándalo en primer término. Si en esos lugares se decidiera cambiar el castigo por la cárcel, sería igual de aberrante como la letra escarlata narrada por Nathaniel Hawthrone en su novela del siglo XIX, en la que habla del adulterio en el siglo XVII preestadounidense. La pena impuesta es la consecuencia de una resolución, pero el problema de origen es sin lugar a dudas el hecho de decretar de índole pública ciertos actos de la vida privada. El honor que defienden esos jueces no es más que una serie de reglas compartidas que suponen se deben respetar. Otras sociedades no musulmanas —cristianas o laicas, sin resumir en una frase sus prejuicios— actúan de la misma forma.

Son conocidas las prácticas de barbarie escudadas en la religión, los Estados confesionales no han tenido pudor en defender las doctrinas dentro de los esquemas legislativos. Cuando se revisan las escrituras que regulan el comportamiento de comunidades musulmanas y nos damos cuenta del rechazo a supuestos crímenes, descubrimos un trasfondo misógino que ha encontrado un disfraz fácilmente adoptable por algunos feligreses. Una vez más, el problema de fondo ni siquiera se aborda. Será difícil encontrar a un clérigo sunita o chiita que diga abiertamente que las mujeres no deben ser respetadas; en la interpretación de la religión encontrará argumentos para justificar su misoginia, como podría encontrarlos en cualquier otro espacio narrativo.

El lenguaje permite esto: no reconocer lo que las acciones evidencian. Es una trampa empleada por todos y cada uno de los actores discriminantes en la historia. En otro ensayo, "Antisemitismo en Inglaterra", Orwell hace hincapié en la hipocresía inglesa al final de la Segunda Guerra. Ni uno de los británicos usados como ejemplo ese texto de 1945 reconoce su carácter racista, pero acepta que prefiere a los judíos lejos de su espacio de convivencia. El mismo caso se observa en más de una nación hacia el resto de los grupos discriminados en todo el mundo: africanos, indios, indígenas y, evidentemente, miembros de comunidades religiosas o personas con preferencias sexuales distintas a la del discriminador.

En naciones laicas vemos coincidencias preocupantes con las posturas mencionadas. La modernidad de nuestros Estados ha generado un desarrollo casi perfecto en los discursos que permiten darle la vuelta a las cosas. Casi perfecto, digo, porque, como en la Inglaterra de la posguerra, la hipocresía no nos hace caer a todos en la trampa de la retórica. Es una retórica mal empleada, barata y poco elegante. Ninguna legislación europea o americana dejaría pasar una condena similar a las de esos países africanos o asiáticos. Olvidémonos de la condena; las razones que muchos sectores encuentran para dictaminar sobre asuntos familiares y privados son parecidas a los razonamientos que catalogamos como arcaicos. Y no sólo son arcaicos, también son idiotas. Como esas ideas y opiniones que Orwell evidenció y criticó en 1949.

NOTA SOBRE LAS OPINIONES

Siempre que trato el tema de la pena de muerte y el asesinato en estos términos, me he enfrentado a grupos conservadores que intentan usar mis propios argumentos para atacar las razones que llevan a alguien a abortar. Me adelanto a una posible discusión, ya que, dentro de los esquemas legales que lo permiten, no existe en el producto de un legrado la figura de persona. En la mayoría de los países que llevan a cabo los asesinatos de honor, el aborto se castiga de manera parecida al adulterio o los hechos antes mencionados.

La principal característica biológica que define la identidad personal —lo que hace que una persona sea una persona— es la generación del neocórtex, que ocurre dentro de las semanas doce y catorce de gestación. Esto no es una opinión, sino un proceso biológico. Las opiniones, como decía cierta escritora sirio-mexicana, son la madre del error. Para evitar el equívoco, están los hechos. Si seguimos obviándolos como nos dé la gana, pensando que todas las opiniones son respetables, estaremos a merced de cualquier tontería.

¿Qué pasa en Medio Oriente?[*]

Lo que hoy entendemos como Medio Oriente nace de la derrota del Imperio otomano y el fin de los colonialismos después de la Segunda Guerra.

Egipto, Siria, Jordania, Turquía, Líbano, Irak, Irán, Arabia Saudita, Yemen, Qatar, Kuwait, Omán, Bahréin, los Emiratos. Palestina e Israel. Quizá Libia, Paquistán y Afganistán.

Es un concepto, es conflicto. Es subdesarrollo, es arte.

Medio Oriente es el origen de la historia. Es griego, romano, judío, árabe, persa, turco, kurdo y armenio.

Medio Oriente es un desastre.

Es hospitalidad. Fascina. Enamora.

Seis eventos marcan la actualidad de Medio Oriente y su relación con el mundo. La división ordenada en el tratado Sykes-Picot, de 1916, cuando ingleses y franceses se repartieron la región. Las independencias de la década de los cuarenta, que obligaron a los Estados recién constituidos a buscar una forma de gobierno. La fundación del Estado de Israel, con la desaparición de Palestina. El fracaso del progresismo árabe que intentó unificar a Siria y Egipto. La Revolución iraní de 1979 y la caída del régimen soviético.

Medio Oriente es la búsqueda de paz, la ausencia de democracia; es la decepción de las Primaveras árabes.

Es la posibilidad y la necesidad de soluciones.

---

[*] Transmitido originalmente en el programa *Así las cosas*, de W Radio.

— ١٠ —

La empatía del ajeno*

Cuando por ahí de 1915 el Imperio Otomano llevó a cabo el segundo genocidio del siglo xx[8] —llamado así hasta la década de los cuarenta, cuando ocurrió la mayor demencia del salvajismo—, una parte del mundo no se enteró y la otra se escandalizó. Entre los últimos estaba mi bisabuelo, gobernador de Antioquía, en la actual Turquía. Escondió a miles de armenios en las catacumbas de la familia para después, durante la noche, hacerlos cruzar a Alepo, en Siria, donde se asentaron y salvaron la vida. De las imágenes que permanecieron en el tiempo, no puedo olvidar a los crucificados y los colgados en las calles, las piras humanas, los que mendigaban un poco de alimento antes de morir de inanición, mujeres y hombres famélicos, parecidos a los republicanos españoles refugiados en campos franceses, adonde habían llegado tras huir de Franco, encerrados a merced de las tropas del gobierno de Vichy, a deportaciones, a limpiezas con petróleo. Muchos de ellos fueron salvados por el General Cárdenas y un diplomático mexicano en Francia. Cuando eso sucedió, también hubo quienes se escandalizaron y, dentro de sus alcances, buscaron cómo ayudar a los republicanos españoles. Hoy, poco nos acordamos de esas

---

* Publicado originalmente en *Sin Embargo*, el 25 de julio de 2014.
[8] El primero —aunque nadie se ocupe de él— fue en Namibia de 1904 a 1907.

tragedias, como poco nos acordamos de Ruanda, Yugoslavia, Camboya, de Guatemala. Ante todos estos casos nos escandalizamos, siempre nos escandalizamos. Pero luego olvidamos.

Sería fácil decir que la memoria es corta y que ahora es demasiada la información que recibimos como para perpetuar la plática y la indignación sobre Nigeria, Sudán o Siria. Podríamos pensar que nunca como en esta época hemos tenido tantos eventos trágicos y que las guerras se enciman una sobre otra. Pero me cuesta trabajo imaginar que el mundo era un mejor espacio durante las cruzadas de los siglos XI al XV, cuando los aldeanos corrían a protegerse de las llamas lanzadas con catapultas para destruir sus casas, escuelas y granjas. O que en el XVIII la Revolución francesa no tuvo sus momentos de barbarie. Tampoco fue menos salvaje la independencia griega, que a principios del siglo XIX dejó más de 100,000 muertos. Podría nombrar hasta el cansancio esas glorias de nuestra historia, sólo por contar la más moderna, en las que los conflictos han sacado lo peor de nuestra especie; ante cada uno de esos episodios nos hemos indignado y el sentimiento ha terminado por hacerse costumbre. A cien años de la Gran Guerra, con sus diez millones de muertos, el recuerdo se hace *souvenir* de turista, galería curiosa menos que antropológica, y el estudio del fenómeno social queda en manos de académicos, muchos de ellos admirables. Para el resto de la gente, de la costumbre nace la historia que aparece en los libros y que tiene poco que ver con la siguiente nota en la televisión, la foto del nuevo acto inhumano y el testimonio de actualidad, de moda electrónica.

Hoy la República Centroafricana sigue hundida en su martirio; Nigeria no sé si alguna vez ha salido de él. Ucrania cae en lo ridículo y con riesgo a volar a lo incontrolable. En Siria vamos para cuatro años de conflicto y cerca de 200,000 muertos, con casi la mitad del país desplazada y su territorio en ruinas. Pero ya nos acostumbramos a estos hechos; parece inaudito. Todos gritamos lo espantoso de las matanzas de Homs, Idlib y Doumar, como hoy gritamos Gaza y seguiremos gritando hasta que nos acostumbremos. Las primeras Intifadas fueron aún más desgarradoras que los misiles y las incursiones a tierra de las últimas semanas; en esos días, niños aventaban piedras a los tanques. La lucha cuerpo a cuerpo es menos efectiva, pero su corta distancia permite la crueldad más íntima. Ahora los muertos se anuncian a enormes montones y de forma increíblemente rápida. El escándalo nunca había sido tan rápido; tampoco el olvido y la costumbre.

Las tres reacciones —escándalo, olvido y costumbre— son de lo más natural. Nos indignamos para defender nuestra conciencia de especie, sabemos que lo único que no podemos permitir es seguir matándonos. La costumbre también es una forma defensa; sin ella nos cansamos y preferimos aceptar la barbarie como algo cotidiano, para no afectar el resto de nuestras rutinas. El olvido es necesario para no renunciar a la ilusión de esperanza, que todos necesitamos para creer que hemos mejorado. La ingenuidad de las tres reacciones es de lo más humano.

La palabra humanidad tiene dos sentidos: representa el número de personas y la calidad de ellas. Cada conflicto se mide en la gran cantidad de vidas perdidas y en la falta de vida que llevó a tal desenlace.

Ahora escribo por Gaza; ayer, por cualquiera de los otros eventos, mañana por los que vendrán o aún no acaban. Mientras no se acuerde la coexistencia de un Estado palestino e Israel, no podremos aspirar más que a breves momentos de alivio.

Se alza la pregunta que provoca la distancia: ¿qué podemos hacer para detener esto? Y uno llega a responder: nada. Pero tampoco es cierto.

Hamás e Israel tendrán que mediar pronto. ¿Será que la suspensión temporal de vuelos a Tel Aviv fue una amenaza más insostenible que los cientos de muertos? ¿Será que las presiones internacionales e internas obligarán al gobierno de Israel a un cese al fuego, con unos que pocas ganas tienen de él? Cuando esto acabe, porque ya se ha detenido antes, no lo hará el insultante bloqueo que se mantiene en la franja. También es insultante la dictadura de Assad, el ISIS, Hamás, Sudán, etcétera.

Mientras sean pocos los Estados que se presten, como el bisabuelo Antaki o el General Cárdenas a salvar a las víctimas de la imbecilidad —en lugares como Siria; en Chibok, donde Boko Haram secuestró a las niñas de hace unos meses; en la República Centroafricana, con su crisis silenciosa—, no debemos renunciar al asombro ante lo más mísero. Ese momento de queja es lo único que le queda a la gente bajo las balas, la empatía del ajeno, en todos los lugares donde hay civiles que se resguardan de las bombas, a ambos lados de las trincheras y los refugios antiaéreos.

LA DIVISIÓN DE UNA MIGAJA ENORME

Medio Oriente es algo tan grande que supera cualquier suposición que venga a la mente al presentarse en la limitación de esas dos palabras. Se puede ver desde tantas perspectivas, que se requiere un asomo de humildad para comprender que todas las miradas terminarán cruzándose en algún momento. Es el terreno de conflicto por excelencia, la cuna de las religiones predominantes; es la caldera política del mundo entero, aunque ocupe una extensión de territorio relativamente pequeña. Es nuevo, tiene las ventajas y los defectos de lo reciente. Es viejo, con los vicios de lo añejo. Debajo de sus mesas se define parte de la economía del mundo, sin que el resto del planeta nos demos cuenta.

Medio Oriente puede representar lo mejor y lo peor de nuestra especie e historia. Todo aquello en lo que el arquetipo falla, cuando el prejuicio o la imbecilidad define al árabe, al judío, al islam o al cristianismo. La crueldad y la pobreza, la riqueza obscena. Todo eso es Medio Oriente. Sí es petróleo, sí es miseria y mentiras, sí es fanatismo y terrorismo, pero también representa los esfuerzos más grandes por la secularidad y la necesidad de tolerancia. Es la esquizofrenia llevada al límite. Es la mayor violencia, pero el mejor ejemplo de las diferencias entre las violencias.

Recuerdo una plática con mi familia en Damasco, en la primera mitad de los noventa. Estaban escandalizados por la facilidad y frecuencia con la que desquiciados entraban a una escuela o cafetería norteamericana y abrían fuego contra la gente. "Eso nunca pasará entre nosotros", decían, y siguen teniendo razón. Allá, fuera del extremismo al que han llegado los fundamentalistas islámicos en la segunda década de este milenio —al que me referiré más adelante, en otros capítulos, y que debe ser analizado desde un lugar en absoluto diferente—, la violencia tenía una cara distinta, que sin duda cobra más vidas, pero muy rara vez atestiguaban la violencia del individuo contra el individuo que conocemos en América. Una serie de engranes se combinan para hacer de Medio Oriente, desde hace más de cinco mil años, el punto clave para entender un poco en qué se ha equivocado y acertado la humanidad.

Entre sus ruedas gira la Historia que suele distinguirse con mayúscula, las columnas de ciudades griegas y romanas, de castillos cruzados y templos que sirven a quienes depositen la desesperanza en la fe. Medio Oriente también alberga a los que se dan cuenta de que un mundo grande no necesita dioses para hacer política, pero necesita política con urgencia.

El siglo xx inició con la caída de los grandes imperios. En la península de Anatolia, los otomanos, que cargaban con la herencia de Bizancio y el cristianismo de Oriente, ya se habían ido convirtiendo al islam sunni desde el primer milenio. Para los mil novecientos, el dominio árabe —que un día llegó de Constantinopla a Grecia, a Siria, a Palestina y a El Cairo— quedaba reducido a Turquía. El fervor provocado por las guerras de la segunda mitad del siglo xx ha hecho olvidar la importancia de esta época en la conformación de la región y sus problemas. Cuando reviso mi propia existencia, sonrío con nostalgia trágica el ver en mis orígenes e identidades una analogía a la gran quiebra, en términos financieros, de la zona. Seguramente, mi caso no es en nada particular, como una más de las historias que pueden encontrarse en esas latitudes.

Si alguien pregunta si soy árabe, respondo que sí, por la lengua. Si preguntan si soy griego, mi respuesta también será afirmativa, por la religión que tras ocho siglos mi familia abandonó, en la década de los sesenta, y que apenas conserva el rastro de los patriarcas bizantinos. Ante una identidad turca muestro enojo por la imposibilidad histórica de perdonar el genocidio armenio. Levantino quizá sea el gentilicio que mejor me define, y como tal comparto cultura con varios amigos judíos, que saben lo que fue ser migrante, ser local donde no hay locales, y que también saborean los simbolismos de beber café turco —que no es el mismo que el café árabe, aunque se crea lo contrario—, de comer *kebe* y *sfijas*, y el pan al que no hay que decirle árabe, porque es de todos.

La existencia del Imperio otomano y su evolución en Turquía no se entiende sin la contraparte rusa. Desde las conquistas de Anatolia, ese territorio fue objeto de disputas entre Constantinopla y Moscú. La rivalidad que inunda las noticias del tercer milenio es más vieja que la *matrioshka* que adorna uno de mis libreros, y recorre los rostros del zar Nicolai II, Lenin, Stalin, Brezhnev, Gorbachov y Putin. La matanza de un pueblo fue clave para determinar el espíritu violento de la región. Con la anexión de Armenia a los dominios otomanos, en el siglo XVI, la población de este territorio fue constantemente relegada y obligada a huir hacia Siria y a las áreas más pobres de Turquía. Para el siglo XIX, los armenios quedaron en medio de dos imperios rivales. Los menos se mantuvieron en la capital otomana e incluso llegaron a ocupar posiciones de gobierno. A comienzos de la Gran Guerra, en 1914, Constantinopla aprovechó la tensión bélica para combatir la injerencia europea en territorio otomano, en especial la rusa. Si bien no era menor el número de armenios que se enlistaron en las tropas otomanas, otro grupo reducido se puso a las órdenes del Zar. Bajo este pretexto, Constantinopla condenó a toda la comunidad armenia; fueron desarmados; Alemania respaldó a Constantinopla y Rusia se acercó al Cáucaso para asegurar sus fronteras. Las deportaciones de ciudadanos armenios fueron masivas. En 1915, veinticuatro mil armenios terminaron asesinados. En poco tiempo las cifras llegaron al millón y medio de muertes. Vale la pena recordar este episodio, no sólo por la obligación moral de reconocer la masacre —que a la fecha niega el gobierno de Ankara y algunos más—, sino para revisar las constantes tensiones entre Rusia y Turquía, así como el interés ruso en mantener su presencia en el Mediterráneo.

En el transcurso del Gran Guerra, en 1916, Gran Bretaña y Francia, con la anuencia de Rusia, firmaron los acuerdos Sykes-Picot para dividirse, en caso de ganar la guerra, los territorios controlados por el Imperio otomano. Salvo Palestina, que quedó como zona de exclusión internacional y luego fue ocupada por los británicos bajo un esquema de mandato, el resto se dividió entre las dos potencias. Los territorios actuales de Turquía, Siria, Líbano y parte de Irak, para Francia. La mayor parte de Irak, junto con Jordania, Kuwait, el norte de Arabia Saudita y el oeste de la península de Suez, para los ingleses. El 1920, el tratado de paz de Sèvres terminó por quitarle al Imperio otomano la mayor parte de sus dominios y, pese a que nunca fue ratificado, marcó la forma en que se desarrollarían las colonias medioorientales. Ésta fue la primera ocasión en que estos países se nombraron como tales; antes de la caída del Imperio otomano, sus nombres eran los de provincias que remitían al inicio de los tiempos. En 1923, se firmó el tratado de Lausana, que estableció las fronteras modernas de Turquía pero, sobre todo, omitió los crímenes contra la población armenia.

Estos eventos son el origen de todo. La colonización permitió el crecimiento moderno de los países, sin duda. Se construyó infraestructura y se urbanizó un terreno en decadencia. Más de una generación se educó de forma bilingüe, con las virtudes que ello otorga, pero también tuvo severas consecuencias negativas, al evitar el desarrollo social y la capacidad política de los pueblos. Al final de la época —cuando se logró la independencia de una serie de naciones a las que se les dibujaron fronteras sin la menor consideración a las poblaciones y etnias que fueron integradas o separadas—, se vinieron décadas de un desastre que aún no merma. Antes de las independencias de los años cuarenta, varios de estos países habían conseguido conformarse como autonomías o mandatos controlados desde Europa. Después de la Segunda Guerra Mundial, Siria, Líbano y Jordania ya eran Estados reconocidos.

Una anécdota familiar me sirve de ejemplo para hablar de la inmadurez política de sus gobiernos y la ingenuidad de Francia e Inglaterra hacia la zona. Durante la década de los treinta, Siria impuso una ley que prohibía la fabricación de todas las bebidas fermentadas que no fueran derivadas de la uva. Mi bisabuelo, un hombre respetado en los círculos políticos, recibió en su oficina a un amigo que elaboraba licor de higo, quien le preguntó si iba a permitir que le cerraran la fábrica. *Bacha* Antaki, con temple de patriarca, le contestó: jamás. El viejo bisabuelo se dirigió al palacio presidencial y se hizo camino a la oficina más importante del edificio, utilizando su bastón. Media hora después, salió con un decreto que proclamaba al higo como un derivado de la uva. La ley se mantuvo vigente hasta entrada la década de los cincuenta.

Supongo que ya queda poco que debatir en torno a 1947, cuando Naciones Unidas acordó la repartición de las tierras que derivó en la creación del Estado de Israel. En estos setenta años, se ha dicho todo acerca de cómo se pudo crear un Estado y por qué no se hizo. Además, a estas alturas me resulta completamente ocioso retomar las discusiones sobre las acciones de los ganadores de la Segunda Guerra a final de la década de los cuarenta, o sobre si estuvo bien o mal el desalojo y la ocupación de las poblaciones que ahí se encontraban o fueron llegando. Desde hace tiempo he decidido alejarme de los círculos de la comunidad árabe mexicana, en los que se habla de este tema con la nostalgia de una época en la que tenía caso hacerlo, como si fuera la única causa de la penumbra árabe. Esta decisión me ha ganado la enemistad de varios que siguen enviándome invitaciones a participar en marchas o encuentros pro Palestina, que desgraciadamente se asemejan a los encuentros pro Israel del otro lado del mundo.

Es imprescindible hacerse a la siguiente idea: hay dos pueblos que convivieron siempre, con sus diferencias. Hoy, hay dos pueblos que tienen que aprender a volver hacerlo con más diferencias, y ninguno puede ser excluyente del otro.

Lo mínimo que debemos tener en cuenta son ciertos hechos que espero brinden un retrato de la época y sus errores. En el siglo XX, las tensiones entre la población árabe y la judía de Palestina se exacerbaban con los favoritismos cambiantes del mandato británico del país, que limitaban o permitían la migración de europeos, aunque nunca llegaron a los términos de 1948, 1957, 1967 y 1973.

La creación del Estado de Israel, en términos regionales, significó el reforzamiento de la identidad, primero árabe y luego religiosa, es decir, islámica. Ocurrió lo mismo con su contraparte hebrea. Esta metamorfosis enterró la comprensión de las similitudes, que son infinitas, entre la cultura musulmana y la judía. No sé si antes de 1948 había algo que pudiéramos llamar la causa árabe, al menos no con muchos argumentos. Desde ese año, hablar de la causa se transformó en la defensa Palestina o "los territorios ocupados", como se les conoce en cualquier país de la zona, dependiendo del año, salvo en Israel y tal vez, Jordania y Egipto.

Contrariamente a lo que se cree, el conflicto entre Israel y Palestina no siempre acompañó a la división de bloques que nació con la Guerra Fría. El acuerdo de 1947 que permitió la creación del Estado de Israel fue firmado tanto por Estados Unidos como por la Unión Soviética. En 1948, cuando los países árabes se opusieron a la creación del Estado de Israel y enviaron sus tropas para evitar el avance de los militares israelíes, las dos superpotencias condenaron las acciones de Transjordania (hoy Jordania), Irak, Arabia Saudita, Yemen, Líbano y Siria. Tras los armisticios de 1949, Israel aumentó sus territorios de forma considerable: es aquí que debemos dejar de hablar de conflicto, para empezar a usar el término correcto: ocupación. Desde este momento, la creencia en la libertad de ocupar distintos territorios y sistemas ha derivado en cada una de las guerras y muertes que imposibilitan un escenario de paz entre estos dos pueblos. Los hechos de 1948 no pueden verse únicamente como el avance de ejércitos de un lado u otro —los países árabes también tuvieron lo suyo, Jordania ocupó Cisjordania y Egipto, Gaza—, sino como la negación absoluta de ambas partes, árabes y judíos. La postura de cada lado se transformó en algo que se confronta con la realidad. Unos y otros dicen que no pueden vivir con ellos —cada quién elije su *ellos*—, pero en los hechos viven con quienes creen disputar la existencia.

En 1952, un golpe de Estado en Egipto derrocó al rey Faruq; al año siguiente, Gamal Abdel Nasser tomó la cabeza del gobierno tras arrestar al nuevo presidente. Nasser es un personaje al que me es difícil acercarme de forma objetiva, tiene una mezcla de buenas ideas —por ejemplo, la defensa del laicismo, que permitió muchos de los derechos de la mujer egipcia— y una deleznable naturaleza autoritaria. Le reconozco el valor para gobernar, pero sobre todo una inmensa carga de ingenuidad. Al final, es el responsable moderno de una de las mayores idioteces en el mundo árabe: el panarabismo.

Con Nasser, Egipto se convirtió en aliado de Yugoslavia y mantuvo una brutal cercanía con la Unión Soviética, impulsando una postura ideológico-política que no puedo dejar de ver como perversa: el nacionalsocialismo árabe y, más adelante, el islam socialista. No se trata de una simple inclinación o aversión ideológica; la suma de dos elementos dogmáticos siempre me resultara aterradora, pero cuando, además, esos dos elementos son contrarios por definición, no veo cómo se pueden desarrollar sin ocasionar un desastre. La propuesta ideológica de Nasser pedía la conformación de todas las naciones árabes en una unión que les permitiera avanzar en un proyecto común. El discurso no era distante al pensamiento de unicidad musulmana y tampoco al proyecto de la Unión Soviética, que definió al bloque de Europa del Este durante cincuenta años. Es más, para la época, el panarabismo se antojaba casi necesario. Así, en medio de la euforia panárabe, que echó grandes raíces en Siria, Damasco se convirtió en un fuerte aliado de Moscú, que, a su vez, ha encontrado en estas dos naciones, Siria y Egipto, un fuerte aliado comercial y buen comprador de armas desde esos años.

Bajo el estandarte del panarabismo, Nasser nacionalizó, en 1956, el Canal de Suez, la salida al Mediterráneo del Golfo Pérsico, y bloqueó el acceso a Eilat, uno de los principales puertos mercantiles de Israel, que respondió con el avance de sus tropas e invadió la península del Sinaí, respaldado por Francia e Inglaterra.

Los eventos que siguieron a la Guerra del Sinaí forman parte del esquema estructural de Medio Oriente. Estados Unidos se opuso a la intervención de Francia e Inglaterra, al igual que la Unión Soviética. Washington no podía hacer otra cosa si no quería perder credibilidad en su oposición a la incursión del ejército de Moscú en Hungría. Dicha intervención era una represalia a la petición del Gobierno húngaro de retirada de las tropas del Pacto de Varsovia en Praga, comandadas desde el Kremlin. Por su parte, Moscú se vio obligada a defender a sus aliados, en especial a Siria, que, junto con Egipto y Jordania, conformaron una coalición frente a Israel, Francia e Inglaterra. La cercanía de Moscú con el Gobierno de Damasco tiene su origen en este evento. La mediación de Estados Unidos, derivada de su ausencia en el campo de guerra —aunque se asome raro, Estados Unidos había mantenido sus ejércitos al margen de las disputas locales—, lo llevó a ser el conductor estelar, desde 1959, de cada negociación en la zona, con sus pros y contras. Me es imposible pensar en todo esto sin recordar la soberbia que ha caracterizado a los gobiernos norteamericanos y, en general, a todas las superpotencias. Sin embargo, al mismo tiempo, tengo que aceptar con tristeza la constante imposibilidad de

Medio Oriente para resolver sus problemas por vías más sanas. Creo que, ante un rompecabezas de este estilo, no existe una solución correcta y asegurar que la hay no es solamente un ejercicio de optimismo e ingenuidad, carente de la menor idea de la realidad, es negarse a enfrentar una gran paradoja de la convivencia humana: no hay forma de ser absolutamente justos.

Mi calificación de idiotez hacia el panarabismo no viene de los sucesos del Canal de Suez, es un juicio mucho más amplio que toma en cuenta otras consecuencias. El 1958, Siria y Egipto formaron la República Árabe Unida, juntando los dos países bajo la misma bandera y la dirección de Nasser. Sé que casi cualquier esfuerzo de unidad suena a una intención provechosa, sin embargo, esta determinación no tomó en cuenta las características de los territorios unificados: diferencias religiosas, la madurez o inmadurez política, la ambición desmedida de grupos locales y la prepotencia de los militares —pues, aunque son parecidos en todo el planeta, los cuerpos de combate sirios se han caracterizado por ser más bestias que muchos otros—. Con esto, Siria se convirtió en una especie de torbellino político militar que desembocó, en 1961, en un golpe de Estado y desarticuló el proyecto de un solo país. El gran triunfador de este fracaso fue una organización política, el partido Ba'ath. Esta organización, constituida en 1947 bajo la ideología panárabe socialislámica, encontró un terreno fértil en la República Árabe Unida, donde creció de forma exponencial. Al terminar la década de los sesenta, se fraccionó en los dos esquemas políticos más importantes del mundo árabe, el partido Ba'ath iraquí y el partido Ba'ath sirio. Uno se mantuvo en el poder hasta la invasión norteamericana que derrocó a Saddam Hussein, el otro permanece bajó el control de la dictadura de la familia al-Assad. Más adelante regresaré al Ba'ath, pues sus proyectos partidistas se convirtieron en el proyecto de los países, al punto de que, a inicios de los años dos mil, Siria e Irak eran incomprensibles sin la ideología y el espíritu de gestión Ba'athista. Hasta la fecha, aún lo es Siria.

Para terminar con el panarabismo, tengo que decir que no deja de impresionarme la aceptación que tuvo entre los sectores más politizados de la sociedad, incluyendo las cúpulas intelectuales en relación con las izquierdas europeas. Por la filiación ideológica de mis padres, hay dos canciones que me transportan a mi infancia y recuerdo casi como canciones de cuna: la Internacional Socialista y el himno que abanderó la unión de repúblicas, que me cantaban cuando aún no sabía decir una palabra en árabe. Este ejercicio de propaganda fue común y de él fuimos víctimas melódicas varios de mi generación.

Durante cerca de cincuenta años, se ha considerado que 1967 es el año definitorio del conflicto Palestina-Israel, sobre todo para este último. Sin embargo, como escribí páginas atrás, estoy convencido de que la base del problema sucedió en 1948.

1967 fue el año de la Guerra de los Seis Días. Egipto había hecho avanzar sus tropas sobre la península del Sinaí, con las mismas intenciones que habían provocado la guerra de 1957. De forma preventiva, en la narrativa de Israel, la única oportunidad de evitar un ataque de las naciones árabes era ejecutar una operación sorpresa contra las fuerzas enemigas. El resultado evidente —seis días de batalla en los que estuvieron involucrados Siria, Egipto (que aún mantenían el nombre de la República Árabe Unida), Jordania e Irak— fue la ocupación israelí de la franja de Gaza junto a Cisjordania —. Desde entonces, no han dejado de ser instrumento de negociación de ambas partes la península del Sinaí y la meseta de las Alturas del Golán —que han estado en disputas entre Siria e Israel—. En un segundo nivel, uno mucho más complicado, la Guerra de los Seis Días representó la anulación a la posibilidad de una solución al conflicto. Los países árabes, luego de la humillación de 1957 y ahora con la de 1967, transformaron la guerra contra Israel en motivo de identidad nacional, pero de esa nación unificada e inexistente que fue el sueño del nasserismo. Del otro lado pasó lo mismo: el *ellos* y el *nosotros* aún se respira en varios sectores, y de forma más frecuente con los recurrentes triunfos de la derecha israelí. Hacia el exterior, la Guerra de los Seis Días representó la entrada definitiva del conflicto en la mecánica de la Guerra Fría. Las armas árabes eran soviéticas; las trincheras contrarias disparaban con fusiles y tanques norteamericanos. Todos estos factores son los que determinaron la gran falla de las relaciones palestino-israelíes. En cambio, si desde 1948 las cosas se hubieran desarrollado de forma diferente, incluso con la creación del Estado de Israel, ninguno de estos eventos o los posteriores hubieran sido lo que conocemos. El punto clave que se debe revisar es la posibilidad de coexistencia. Quizás esta perspectiva suene un tanto inútil, sólo que en Medio Oriente se siguen ocupando de estas fechas —y en menor medida de 1973, con la guerra de Yom Kipur—, al momento de analizar la situación y los discursos que pueden llevar a un proceso exitoso de paz. Todos los eventos posteriores a la guerra de 1948 son los efectos de ese año, y no me refiero a la expansión territorial o a hechos meramente bélicos, sino al componente filosófico que se destruyó en la década de los cuarenta: el reconocimiento del otro. Tal vez, como si tratara de una ida al médico, si nos ocupáramos de las causas encontraríamos las ideas para evitar nuevas manifestaciones de una enfermedad que pinta interminable. Tal vez.

LA REVOLUCIÓN QUE NUNCA LLEGÓ

La literatura nunca se encuentra en los extremos de las virtudes o los defectos humanos, sino en las zonas grises. Ahí donde un hombre hace el mal creyendo que hace el bien. En el espacio en el que las acciones tienen más de una lectura, más de una interpretación, porque desgraciadamente el bien y el mal han sido distintos para unos y para otros. Y la realidad se construye de la misma forma que la literatura. Si hay suerte y talento, nos volcamos a la poesía. Si existe algo de incertidumbre, al ensayo y la poesía. A principios de la década de los noventa, estuve una muy larga temporada en Siria y Líbano; el clima político de esos años no podía ser más fascinante y, también, estaba lleno de incógnitas, revelarían su verdadera cara a lo largo de dos décadas. Siria se encontraba en estado de guerra con Líbano, país al que tenía ocupado militarmente desde 1976. Se vivían grandes tensiones con el gobierno de Saddam Hussein en Irak, producto de las divergencias entre las políticas de ambos partidos Ba'ath hacia la intervención iraquí en Kuwait. También las había con Israel, por las razones que ya he mencionado, con las Alturas del Golán como punto vital de una agenda que se asemejaba a un estado de beligerancia en pausa, de la que dependían ambos países. Cada tanto, se presentaba una incursión de cada lado, para recordar por qué se estaba peleando.

Era la violencia normalizada hasta la burla. Sin embargo, esa misma normalización también generó esfuerzos políticos que

funcionaban, y algunos lo siguen haciendo, en caminos paralelos a la guerra. Entre éstos, Al-Fatah es quizás el más significativo
y entrañable en mi repertorio de conflictos personales.

En mi infancia era imposible, desde la dualidad de una identidad árabe y occidental, no ser partidario de la organización.
¿Quién con origen árabe, más allá de la decencia, no coincidía
con la obligación de un Estado palestino? ¿Quién no conde-
naba la forma en que se creó el Estado de Israel? Pero por otro
lado, ¿quién podía aplaudir las acciones violentas y cercanas al
terrorismo de la militancia palestina? Fatah, fundada por Yasser Arafat, nació antes que la Organización para la Liberación
de Palestina (OLP), con la intención de defender a la nación
palestina y buscar la destrucción de Israel. Sin embargo, pese
a sus continuos atentados contra el Estado hebreo, a través
de Arafat se logró establecer un discurso político y, por ende, de
diálogo, con el que el líder palestino dirigió, en algunos momentos, no sólo Fatah, sino también la OLP, de origen egipcio
y controlada por Nasser durante los años del panarabismo.

A partir de la Guerra de los Seis Días, Siria, Egipto y Jordania
apoyaron intensamente los ataques de la OLP y Fatah contra
Israel. Las represalias no se hicieron esperar y, con ellas, vino
el auge del extremismo palestino. De la OLP surgió el Frente
Popular por la Liberación de Palestina; de Fatah, al-Assifa, su
brazo armado, y mucho más tarde, una organización criminal:
las Brigadas de Mártires de al-Aqsa. Las escisiones dentro de las
agrupaciones palestinas derivaron en dos vías de lucha, por
momentos irreconciliables: los que se entendían como moderados y los evidentemente radicales. Tuvieron que transcurrir
tres décadas para que estas diferencias se hicieran más tangi-
bles, con la transformación de algunos de estos nombres en
corrientes políticas institucionales. Éstas, tras la creación de
la Autoridad Nacional Palestina en 1994, a raíz de los Acuerdos de Oslo, llevaron a Fatah a la presidencia de los territorios
ocupados, abriendo una discusión que ha evolucionado en el
tercer milenio. Esta discusión se centra en una pregunta: ¿es

posible la coexistencia de dos Estados, el palestino y el israelí, o sólo es válida la existencia de uno, el último?

En 1980, Yasser Arafat se encontraba en Managua, donde el triunfo de la revolución sandinista sirvió de cobijo e inspiración a prácticamente todos los revolucionarios del mundo. Abu Ammar era el nombre de guerra de Arafat. Durante los días 21, 22 y 23 de julio, sostuvo un encuentro con mi madre en la capital nicaragüense, con el propósito de revisar todos los aspectos del conflicto palestino y la ocupación israelí. El encuentro, publicado ese mismo año en una pequeñísima y exigua editorial mexicana, retrata mucho de lo que aquí he tratado de explicar. Se trata de una entrevista que, como la lengua árabe, se acerca a la lírica y refleja la importancia del lenguaje en una cultura. Para mi pena, también es reflejo de la ingenuidad de una época. Desde mi perspectiva actual, tengo que leer las palabras de esa reunión con prudencia. El mundo ha cambiado; las revoluciones y los revolucionarios, también. La distancia me remite a una frase, recurrente en mi vida: "Quienes todavía hablan de revolución nunca han tenido que sostener un fusil". También escucho estas palabras en varios que, luego de combatir en una trinchera, descubrieron que el costo humano de una guerra, sin importar en nombre de qué causa revolucionaria se haga, no vale una sola de las vidas perdidas en el campo de batalla.

Es imprescindible acercarse a las revoluciones separándolas del romanticismo que las acompaña, para tratar de entender los errores de la misma revolución. Esto lo he visto en el mundo árabe y en México, mi primer país, en el que un poco de autocrítica nos permitirá entender cómo la fantasía revolucionaria se convirtió en un disfraz que ocupó el lugar de la realidad, mientras esa realidad se comió todas las esperanzas de un mejor lugar.

Encuentro con Yasser Arafat*

I

Abu Ammar, dicen que sueñas mucho...

¿Hay algún revolucionario en el mundo que no sueña, Ikram?

Los hay seguramente. Ni muy revolucionarios serán. Ni muy enamorados. Tú estás hecho de otra tela. El sueño empezó hace exactamente treinta y dos años. El día de la pesadilla. Cuando Palestina fue decretada inexistente. Cuando dejó de pertenecer a la realidad de los mapas y de los reconocimientos internacionales. Cuando sobre los caminos empezó la marcha de todo un pueblo que no tenía ya un solo pedazo de tierra dónde parir a sus hijos y enterrar a sus muertos.

¿Qué entendieron, los de las entrevistas?

Querían hacer sus preguntas a un hombre de días y noches, de comer y casarse. Dijeron: ¿Para qué tanto misterio? Misterio no hay.

Soy un momento, un soplo pequeño en la vida de este pueblo.

¿Qué buscan al preguntarte de tu persona?

Decidimos no contestar preguntas personales. Si existimos, si nos conocen, es por la tragedia y luego por la lucha de nuestro pueblo. De Palestina y de los palestinos hablaremos horas.

---

* Ikram Antaki. Publicado originalmente en 1980, por Editorial Acere.

¿Qué contestarás de lo otro? Que te casaste con esta revolución. Que comes queso y jalea como en el campo nuestro. Tus anfitriones te sirvieron en cubiertos de lujo. Se ve bien el queso y la jalea en los platos de Somoza. Y hablaste horas. Era la una, las dos de la mañana de este día 22 de julio en Managua. Luego nos quedaron un par de horas para dormir. ¿Pero quién iba a dormir? El único dormido en toda la casa era Mahmud. A éste lo llevarán al encuentro con el rey del cielo y el de la tierra reunidos. Decidirá que el encuentro es aburrido. Se encerrará en su cuarto. Y dormirá. Mahmud Darwich, nuestro señor de los inocentes.

Era yo un ingeniero. Ganaba mucho, mucho dinero. Pero la vida no tenía sentido. Nada tenía sentido. Pero dejémonos de esto. Da vergüenza hablar de uno mismo en esta revolución. Si de los individuos hay que hablar, entonces hablemos de nuestros mártires, de nuestros héroes. Ellos hicieron que estemos vivos, aquí, ahora, recordándolos.

No se trataba de hablar de los individuos. Ni de los muertos, ni de los vivos. Se trataba de seguir el camino hacia la conciencia. ¿Qué pasó en 1948? ¿Quiénes éramos entonces? Tú tenías la edad de la conciencia, háblame de nuestra historia. Yo tengo la edad de la derrota. Abrí los ojos sobre Palestina espoliada. Ningún mapa, ninguna geografía hablaba más de Palestina. Dejó de existir oficialmente. Y siguió existiendo por la fuerza de nuestra vida y nuestra muerte. Por los recuerdos. Por las noches que dieron nuestros hijos nuevos. Por el coraje. Y Palestina no era solamente un dibujo en el mapa al este del Mediterráneo. Nosotros somos Palestina. Cuatro millones de voluntades, de carne y hueso, de ira y realidad, somos Palestina. Cuatro millones haciendo de nuevo la historia y la geografía. El dolor nos obligó a hacernos más inteligentes de lo que hubiéramos sido normalmente. Nos hicimos agudos, cortantes, rápidos, sensibles, duros y tiernos a la vez. Enamorados de la vida hasta morirse por ella. Yo soy de la generación de la derrota. Conocí la desesperanza y conocí el despertar. Mi hijo pertenece a la generación de la esperanza. Háblame de nuestra historia, Abu Ammar. Y de los caminos de la conciencia.

En 1948 vi las primeras señales de la enorme conspiración que nos transformó en sus víctimas. Me encontraba en el ejército palestino que dirigía nuestro mártir Abdel Kader Huseyni. Mi tarea era recoger las armas que habían dejado los aliados y el eje durante la guerra, en el Sahara occidental y otras zonas de batalla, para mandarlas hacia Palestina. Me opuse a la entrada de los ejércitos árabes a Palestina. Muchos nos opusimos. Pero nuestra opinión no tenía peso. Mira, nosotros éramos el ejército palestino. Los ejércitos árabes regulares que entraron eran... cómo te diré... sentíamos que algo pasaba, se tramaba... una conspiración mayor. Era nuestra experiencia diaria. Comprábamos armas, viejos tanques de chatarra, pasábamos meses a las puertas de la Liga Árabe tratando de mandarlos a Palestina. No se podía. Eran dificultades innumerables, de todas partes. No nos dejaban. Al mismo tiempo, las Radios Árabes decían otra cosa. ¿Cómo iban a hacer la guerra de nuestro lado los países que nos impedían juntar las armas y mandarlas? Había también órdenes de entregar las armas. No era entonces el puro sentir, sino la vista clara: ahí estaba la conspiración. Había ya órdenes para entregar las armas que comprábamos con las joyas de nuestras mujeres. Pensábamos que estos ejércitos entrarían por orden venida de arriba y saldrían por otra orden venida de arriba.

Las órdenes venían de Inglaterra. Ningún país árabe era entonces realmente independiente. Los siete ejércitos árabes estaban dirigidos por un oficial inglés: el general Glub. E Inglaterra estaba también del otro lado: entregando las tierras palestinas que estaban bajo su poder mandatario a los nuevos colonos judíos venidos de Europa, protegiendo los grupos terroristas sionistas, castrando los brotes de liberación nacional palestina. El pueblo palestino no tenía voz. Durante los diecisiete años siguientes también hablarán por él, en nombre de él, hasta 1965, cuando empezó a hablar por sí mismo, cuando nació la revolución.

Mira, Abu Ammar, esto que tú dices, de los países árabes en 1948... Ya sé. Me lo contaron mis padres. Junto a nuestra casa, en Damasco, vivía aquel Mardam Bey, jefe del Estado Mayor entonces. Entonces también hizo su fortuna. A costa nuestra. Los soldados sirios estaban al sur, sin armas, esperando las armas. Esperaron indefinidamente. El gobierno había mandado comprar armas, pero los barcos nunca llegaron a puerto. El jefe del Estado Mayor vendió en el mar los barcos de armamento destinado al ejército en guerra. En la ribera occidental, el rey Abdallah se entrevistaba de noche con Golda Meir. Y decidían la partición de Palestina. En el frente sur, del lado de Egipto, los soldados egipcios veían explotar entre sus manos las armas defectuosas que les había entregado el rey Faruk. Uno de estos jóvenes se llamaba Nasser, Gamal Abdel Nasser. De aquella traición aprendió el sentido de la dignidad. Ocho años más tarde, levantó esa dignidad dentro de la memoria nuestra y la historia de los demás... cuando declaró la nacionalización del Canal de Suez. ¿Luego qué pasó, Abu Ammar? ¿Cómo fue el paso de la desesperación a la lucha? ¿El paso de 1948 a la creación de Fatah?

No se creó Fatah en ninguna teoría. No fue la cristalización de un sueño lejano. Aquí no hubo profetas ni hombres superiores. Fatah es el resultado de los dolores de un pueblo, como el parir, naturalmente, la continuación lógica de la revuelta de Gaza, que siguió siendo el único lugar llevando el nombre de Palestina después de 1948. De los movimientos estudiantiles, de la guerra de Suez en 1956... De todo esto nació Fatah. En 1956, el levantamiento y el desarrollo del sentimiento nacional, nos dimos cuenta de que no existía en el plan árabe un trabajo consecuente para recobrar Palestina. Nasser mismo nos los dijo: "El que pretende tener un plan para liberar Palestina se ríe de ustedes". Y salió el nombre de la organización de las siglas mismas del Movimiento de Liberación Nacional Palestino: Fatah. Fatah significa abrir la tierra, abrirla. Nuestra revolución es del ciclo del año de los campesinos, del ciclo de la vida, no de la muerte. Y de la tierra sabemos mucho. De cómo roturarla también.

II

Que caigan encima de mis hombros las cimas del Hermon y del Galileo reunidos si no fuiste la más amada. Te recreé desafiando las mentiras del mundo. Existes porque me hiciste existir. Caminando por el río Jordán, llegando hasta el mar Muerto, supieron los humanos por fin que cada gota de tu agua es sangre nuestra. Por ella quedó como es. Pesa ira y revuelta. Pesa aceite de olivo y vino quebrado. En el mar de tu asesinato no sobreviven los peces ligeros. Por allí cruzamos hacia la otra orilla. Caminé por el desierto de Gaza y probé tu existencia. Nadé de Yafa a Haifa contra las malas mareas y probé tu existencia. Palestina hasta las raíces del tomillo, hasta el fondo de mi conciencia. Filastín porque no ignoro ningún grano de tu tierra. Sé nombrar los pájaros. Y las plantas. Sé cómo salvaguardar la memoria y como crear la historia de tus días siguientes. Dime, Abu Ammar, ¿alguna vez, sobre este largo camino, sentiste la desesperación?

Créeme, en ningún momento he tenido duda en la seguridad del triunfo. Lo veo en los ojos de nuestros niños y nuestros combatientes. Mira, yo soy un hombre creyente, en el sentido religioso de la palabra. Esta fe mía nunca tembló, nunca se movió. Y creo en mi pueblo. Este pueblo da más de lo que puedes esperar. Es mejor que su dirección. Hay direcciones que se adelantan sobre sus pueblos. Aquí no. El pueblo palestino empuja su dirección hacia adelante.

Fue el primer día del primer mes de 1965. Los argelinos nos habían dicho: "Váyanse, disparen la primera bala, luego vengan. Y hablaremos de la Revolución palestina". El primero de enero de 1965 partió la primera bala hacia todos los desafíos verdaderos, contra las mentiras pasadas. Todo hasta entonces había sido por Palestina. Todo había sido contra Palestina: las declaraciones, la radio, los periódicos, los libros de texto, los discursos, los festivales, los programas. Palestina había quedado en el Parlamento, en las reuniones, en el vaso de agua para la garganta seca de los oradores. Palestina había quedado en los costales de harina y el queso amarillo de la Agencia de Socorro de las Naciones Unidas. ¿Por qué el primero de enero de 1965, Abu Ammar?

Deberíamos empezar en 1964. Había en la dirección dos tendencias: una que quería acelerar el movimiento; otra que llamaba a esperar. Los que querían esperar decían: necesitamos 500 armas para empezar, y tanto dinero... Yo quería acelerar el principio del movimiento. La segunda cumbre de los países árabes estaba por aprobar la creación del Ejército de Liberación Palestino. Yo pensaba que la revolución no viene por órdenes o decretos. Era entonces jefe del Consejo Militar de Fatah. Nuestro primer choque con el enemigo israelí ya había ocurrido el 17 de agosto de 1964, en la región de Bisan. Los israelíes habían arrestado a muchos de nosotros en 1964. Y como respuesta nuestra, la primera operación fue también en 1964, a las 11 de la noche del 31 de diciembre de 1964, en Deir Nhass...

Y se terminó el queso amarillo de las Naciones Unidas, las colas de niños en los campamentos con su pocillo en la mano para recibir un tanto de harina... La primera bala había sido disparada. Había nacido la Revolución palestina.

Era la revolución del imposible. Leo todavía las palabras de John Foster Dulles diciendo que por la desgracia del pueblo palestino vive entre los pies. Pasamos de ser un número en una de las oficinas de las Naciones Unidas, de un soplo diplomático en los pasillos, de un legajo de uno de sus comités llamado Agencia de Socorro Internacional, a un pueblo-revolución, un pueblo que trata con una realidad que él mismo creó en esta parte del mundo, una condición en el camino hacia la paz o hacia la guerra. Ya no somos recibidores de ayudas internacionales: una lata de sardinas, una cobija... Estamos enriqueciendo la experiencia revolucionaria de la humanidad con una nueva experiencia única...

¿Y somos pocos? ¿Somos muchos? Dime, Abu Ammar, ¿la Organización por la Liberación de Palestina representa verdaderamente al pueblo palestino? ¿O somos una revolución de iluminados, unos cuantos...?

Mira, según sus propias estadísticas, han pasado por los locales de la Seguridad Israelí, desde 1965, 230,000 personas. Así que si somos pocos o si somos muchos... déjame decir... ¿somos representativos? En las mismas zonas ocupadas, regidas por la ley militar, estamos ganando alcaldías. Las elecciones se hacen bajo nuestras consignas y el Gobierno israelí no tiene más remedio que recurrir al terrorismo, a poner bombas en los carros de los alcaldes árabes y, con la dinamita, a plantar sus piernas más profundamente en el suelo palestino.

Escribe... nosotros somos la conciencia de todo un pueblo. El terrorismo está del otro lado. Hablan de los derechos humanos, voltean al mundo por dos rusos inconformes y niegan la totalidad de sus derechos al pueblo palestino. Niegan hasta su existencia. Pero tú conoces el dicho árabe: se puede matar a alguien si es en la selva... Se puede matar al pueblo palestino en la selva del imperialismo, en Israel...

No. Ya no. Nuestra revolución es testigo de nuestra existencia. Antes de ella, cualquier policía era gobierno sobre los campamentos de refugiados. Había un funcionario de tercera encargado de los asuntos palestinos, y tres discursos servían de alfombra por la patria, camino hacia el poder de los que masticaban nuestro nombre. Antes de ella había de vez en cuando los recuerdos de los padres. Pero nosotros éramos jóvenes. Los recuerdos son de vejez y la derrota también. A nuestra juventud le quedaba mejor el coraje, la revolución... y un sueño de tierra abierta. Como los campamentos. Camino hacia la revolución hemos pasado por los terrenos de la vergüenza y del rechazo. Por ahí pasaron también todas las mentiras del mundo. Nuestra lengua servía igualmente para los anatemas, las prohibiciones, las promesas, los gritos, "Dios es grande", "la patria es nuestra", "ustedes son nuestra salvación, señores", y todo, todo... Nuestras manos recibían y firmaban. Con las palmas hechas para golpear, cazar, arar, hicieron pobres manos para aplaudir. Entonces hemos enseñado a las manos a disparar. Y hemos cavado la lengua nuestra para sacar de sus lodos las palabras del orgullo. En el fondo había la negación. Y para decir la verdad, algo muy parecido a los poemas. Ya somos, Abu Ammar.

La gente no se solidariza con los fantasmas, con los inexistentes. La gente se solidariza con una fuerza efectiva, que nadie puede ignorar. Hoy todo el mundo —excepción hecha de la fuerza del imperialismo y del sionismo— se solidariza con nosotros. Por los locales de la OLP han pasado los vietnamitas, los franceses, los italianos, los nicaragüenses, los salvadoreños... hasta los chicanos y los indios pieles rojas... Sí, ya somos.

Y fuiste nicaragüense con los nicaragüenses, negro con los negros, piel roja con los indios, chicano con los chicanos. ¿Tendrá la Revolución palestina sus raíces en los campos de la solidaridad?

No podemos considerarnos revolucionarios si somos únicamente revolucionarios palestinos. Esta revolución la hemos dibujado con rasgos palestinos, pero su corazón es árabe y sus miembros llegan hasta las fronteras del mundo. Y nosotros no somos tenderos con nuestros principios. No pedimos pago por ello ni por la solidaridad nuestra con los demás. Cuando tomamos posición al lado de cualquier revolución, de cualquier reprimido, de cualquier débil en el mundo, no les pedimos que nos apoyen como pago de nuestras posiciones hacia ellos, de nuestros principios. Allá ellos. Si son verdaderos revolucionarios, tendrán hacia nosotros la misma posición. Partimos de la misma fuente. Llegaremos al mismo mar.

III

Y dijiste que la distancia entre los pueblos puede ser muy amplia, pero una sola trinchera los une, un hilo que va desde el dolor y pasa por la lucha camino hacia la revolución. Dijiste que somos la misma cosa. Una nueva conciencia que se levanta para dar nacimiento a una civilización nueva donde la represión, la opresión, las matanzas, la injusticia, todo lo insoportable tiene por fin que acabarse. Dijiste que no hay separación entre la parte y el todo... pero "cuidado, mucho cuidado al huir de la revolución obligada en tu propia tierra, para tu propio pueblo, bajo la pretensión de la totalidad". Que no es revolucionario el que no tiene raíces. Que los hombres no son pájaros. Dejaste a los pájaros ser pájaros y ya. Nosotros tenemos padres e hijos y cultura. Nos parecemos más a los árboles con nuestras piernas y nuestras ramas… Y sabemos mucho de plantar. Y sabemos de las tormentas que preceden la buena lluvia.

Recuerdo que estaba en Galilea en 1964, participando con unos compañeros en la fabricación del primer explosivo de dinamita, de la que emplean en las canteras, para utilizarlo en la operación que iba a hacer explotar esta roca que presiona nuestros pechos y el de Palestina. Me llamaban entonces "el doctor". Un amigo me dijo: "Oye, doctor, me hablas de la revolución desde meses y ya llevas tres días haciendo un solo explosivo". Le dije: "Escucha, no estamos haciendo un explosivo para declarar la revolución, estamos creando el trueno que hará estallar toda esta parte del mundo".

Y el mundo se puso de cabeza.

La conciencia del mundo ya llegó a saber que Palestina es el núcleo del problema en esta región, que la posición hacia ella es decisiva en la posición hacia los demás problemas. Nuestra revolución es la primera en entrar a las Naciones Unidas. Naciones quería decir Estados. Pero vino Palestina, rompió la regla, y entramos como miembros observadores. Y somos miembros activos en los No Alineados, en el buró coordinador de los No Alineados. En Belgrado, Palestina fue nombrada uno de los siete representantes, y en La Habana… ¿sabes quiénes tenían poder de decisión en la cumbre de los No Alineados en La Habana? Cuba, Yugoslavia y Palestina. Nosotros sabíamos desde el principio que nuestra marcha es parte de la marcha de los libres del mundo. Pero el mundo no respeta a los débiles.

¿Te acuerdas cuando fuiste a China en 1964 invitado por Chou En-lai? Abriste los mapas y dijiste: "Queremos hacer una revolución". No te creyeron. Dijeron: "Es difícil. Es muy difícil que esta revolución triunfe. Las condiciones objetivas que los rodean no lo permiten". Dijiste que el asunto era serio, y entre las "condiciones objetivas", el "tiempo histórico",

la "coordinación obligada", las "presiones internacionales", no faltaban las "reglas del juego"... andaba el Viejo Mundo con su viejo refrán del loro poco vivo... Explotaste: "Pero si somos víctimas de las reglas del juego... vamos a luchar contra ellas, a no respetarlas, a no entrar en ellas. Nuestros enemigos las pusieron, las decidieron... ¿Qué tenemos que ver con ellas si no es para estar contra ellas?". Ahora puedes decir cuál es el significado de la Revolución palestina.

Después de esta larga experiencia, de esta agresión rabiosa que enfrentamos, hemos llegado a saber que la Revolución palestina representa un desafío de civilización. Por ello los enemigos: el imperialismo, el sionismo y sus agentes. La historia no es recobrar un pedazo de tierra y ya. No. Ellos saben que el futuro representado por la Revolución palestina no concierne solamente a los palestinos. Es el futuro que resultará de la transformación que creará la revolución como eje de civilización, del profundo terremoto cultural que significa el triunfo de la revolución... Ellos saben... Son las puertas de otro mundo.

Esta visión, estas medidas, los cambios que logró la revolución en la posición y la conciencia mundial, los nuevos valores que creó, una nueva cultura del desafío y un nuevo pensamiento, estas pesas y medidas deben ser las que decidan la valorización, el análisis de la revolución. Algunos ven solamente las apariencias, los caminos laterales de la lucha, leen la prensa, escuchan la información enemiga y no consideran los alcances estratégicos de la Revolución palestina.

Abu Ammar, estamos en América. Los mapas que hacen en el Mediterráneo ponen a Europa y el Mediterráneo en el centro; abajo, África; a la derecha, Asia; a la izquierda, el Atlántico y América. Y desaparece el Pacífico. Aquí ponen América en el centro; el Atlántico, Europa, África y media-Asia, a la derecha; el Pacífico y la otra mitad de Asia, a la izquierda. Les parece muy lógico. ¿Y tú vienes a decirles que somos el centro del mundo?

No. No hablo como chauvinista. Yo digo: cada revolución es el centro del mundo. Y la posición hacia esta revolución determina al mundo entero. En un tiempo, la posición hacia Cristo era la posición hacia la revolución verdadera y determinaba el mundo. En un tiempo, la posición hacia Muhammad era el eje del honor verdadero. En un momento se definió la posición hacia el progreso del mundo a partir de la posición hacia el pensamiento socialista. Recuerda Vietnam. El mundo entero se definía a partir de su apoyo a Vietnam. Recuerda Argelia. Hoy la Revolución palestina constituye el examen de veracidad de toda posición revolucionaria, de toda actitud humana.

¿Y nosotros, con qué medidas y con qué pesas se nos puede juzgar?

La naturaleza de nuestros amigos y aliados, la naturaleza de nuestros enemigos nos definen. Nos define la operación de transformación de la realidad que realiza la revolución nuestra en su enfrentamiento con el imperialismo estadounidense y el sionismo. Nos define la posición que hemos llegado a ocupar en el mundo a partir de nuestra visión estratégica justa como movimiento de liberación árabe, y como parte indisoluble del movimiento revolucionario en el mundo. Nos define la responsabilidad de vanguardia que ocupa la Revolución palestina en la región árabe. Y créeme, jugamos este papel con un enorme orgullo. Date cuenta de que somos parte del cambio del mundo. Allí se completa el proyecto de la nueva historia.

Y nuestros enemigos son también nuestro orgullo. Nuestros enemigos son los mismos enemigos de todas las causas justas: los fascistas de todos los bordes, los dictadores de metrópolis o de provincia, los Somoza y las Áfricas del Sur. Aquí no hay dónde perderse, dónde equivocarse. Aquí las apariencias están muy cercanas a la verdad. Aquí las manos sucias estrechan manos sucias. No tenemos los mismos amigos que nuestros enemigos. No caminamos sobre los mismos senderos, no somos del mismo mundo, Abu Ammar. He necesitado que mi sueño sea totalmente limpio. Pero yo no quiero caminar como los sonámbulos. Quiero caminar completamente despierta. Dime, ¿es mi camino hacia Palestina totalmente recto?

¿Has caminado en un campo minado?

No.

Yo sí. Caminar en un campo minado no puede ser derecho. O explotan las minas.

IV

¿Cómo va a ser éste un movimiento de liberación nacional solamente? Hemos llegado a la pureza del despojo. Sobre los caminos se perdieron las cargas pesadas. Sobre los muros de la primera casa se quedaron los retratos. Y los arreglos en todas las casas siguientes. Aquí el adobe y la tienda están igualmente desnudos. El techo nos separa de Dios y el suelo, del infierno. Las cosas regresaron al lugar que ocupaban originalmente: son cosas nada más. Aquí nadie planta los jardines ajenos. Aquí nadie se enamora de las tierras consecutivas. De todas las ramas de los olivos quemados está colgada la violencia. Pero nosotros sabemos de los olivos mejor que nadie: a pesar de su apariencia de fuerza tienen raíces pequeñas. No soportan el peso de las horcas. No soportan el paso de los violentos. En el mundo del pueblo sin tierra desaparecieron los intermediarios. Frente a la vida existe el asesinato. Y no tenemos más que perder. Hemos llegado a la pureza del despojo. Abu Ammar, ¿puede el hombre completamente desnudo decir no a las limosnas? ¿Por qué todo o nada? ¿Por qué hemos dicho no a Campo David?

Campo David no es una simple limosna. Campo David es una conspiración de envergadura mayor. Es una solución bilateral, la rendición de Egipto a Israel, una ruta cerrada. Cuando lo dijimos no nos creyeron. Ahora lo dicen los europeos y hasta los americanos. ¿Qué nos dan? Una nueva esclavitud, una autogestión que se limita a la gente y no incluye la tierra, una autogestión que ni siquiera tiene el derecho de decidir sobre el uso de sus pozos de agua. Dime si existe en el mundo un rancho, un grupo de nómadas, un solo pueblo que no tenga el derecho de decidir sobre su propia agua, de tomar y utilizar agua sin permiso. ¿No te recuerda esto a los indios pieles rojas empujados hacia el desierto, lejos de los pozos para que se murieran de sed? Es la misma mentalidad. Nos quieren sus pieles rojas... Ahora,

¿qué dio Campo David a los egipcios? ¿Dónde está el desahogo económico, la riqueza que prometió Sadat a su pueblo? Le hicieron vender el agua del Nilo. Me han llamado los dirigentes africanos para decirme: "Sadat no tiene el derecho de disponer del Nilo así. No es el Nilo su propiedad privada, su chorro casero". Campo David le hizo vender la aorta de África, tocó a la soberanía de Egipto en el seno de El Cairo.

Luego los llamados pacifistas reunieron su comité de la paz, llamaron a Sadat "el pacífico" y le otorgaron la medalla de la paz. Y algún dinero. Pero la gente de la guerra me prohibió caminar entre los olivares para buscar el ramo antiguo. Entonces hirvió el aceite en mis venas y pregunté: ¿Aquí, quién es de guerra, quién es de paz?

El problema es del tamaño de la cuestión palestina, cubre el futuro de toda esta región. Sadat dio a Estados Unidos lo que perdieron en Irán, contra un puño sin soberanía de las arenas del Sinaí. Campo David acabó con Ginebra, con las posibilidades de la paz, presentó condiciones que formuló Beguin, maquilló Carter y firmó Sadat. Campo David dio legalidad a la ocupación israelí, a la "judaización" de Jerusalén, a la violación de la soberanía egipcia.

Pero que nos escuchen bien. En nombre de cada uno de nuestros combatientes, en nombre de estos fusiles y las manos que los detienen, en nombre de nuestra revolución, les decimos sin ambigüedad: ninguna solución pasará y se sentará en esta región si es a costa del pueblo palestino y sus derechos nacionales. La verdad seguirá siendo la verdad: la tierra de Palestina no es un campo abierto, y el pueblo nuestro no es una mercancía que se vende y se compra sobre las mesas de las negociaciones. Que recuerden que el Estado de Israel, del cual habla su historia, no vivió más de 70 años... Ahora tiene 35...

¿Podríamos aceptar una guerra que durara lo que duran las generaciones de los padres a los hijos y comprometa a los que no nacieron aún?

Occidente tiene una guerra que duró cien años. Los árabes también: llegaron los tártaros y cayó Bagdad y la recobraron nuevamente. Pero déjame escoger mis palabras: Yo no acepto la guerra. Yo me defiendo. No fui yo, sino Weizman, quien dijo: "seguiré haciendo la guerra a los palestinos en todo tiempo y lugar, con todas las armas y medios que jamás antes utilizó el ejército israelí".

Pero nos dicen que es nuestra guerra, nos dicen que estamos involucrando en ella a los demás países árabes. Nos dicen: es fácil hacer la guerra a Israel desde los territorios ajenos…

Sí, es nuestra guerra. Y yo desafío a quien pueda probar que hemos hecho durante los últimos años más de dos operaciones desde territorio libanés, dos operaciones de autodefensa. Más una desde Jordania y otra desde Siria. Cuatro en total. Mientras las mismas autoridades israelíes reconocen que nuestros combatientes realizan en tierra ocupada, en Palestina ocupada, un promedio de dos operaciones y media diariamente, un promedio de 75 operaciones al mes. ¿Sabes qué significa esto militarmente? Significa mantener ocupados 111,000 soldados, policías, guardias y personal de seguridad israelí, según sus propias estadísticas. No es fácil. ¿Y sabes cuántos suman los encarcelados palestinos en Israel? 24,000. Lo reconocieron cuando el mundo se puso a hablar de las torturas a las cuales están sometidos los palestinos en las cárceles de Israel.

No, nosotros no somos más que una disculpa que utiliza Israel para agredir a los otros países árabes, para seguir agrediendo y ocupando el sur de Líbano. Habíamos vaciado Tiro de todas las oficinas de la Revolución palestina. ¿Y qué pasó? Bombardeó Israel la ciudad. Bombardeó el Sur, se clavó profundamente dentro del territorio libanés.

Cuando en 1948 se quedó el Galileo entre sus manos, desde Marjayún, en el sur de Líbano, nos pusimos a mirar la montaña, y entonces descubrimos que no era lo mismo mirar el Galileo desde arriba que desde abajo. No era por el sol. Allí nadie recuerda haber visto levantarse la niebla, ni siquiera los padres. Ahora ni de abajo, ni de Marjayún se puede mirar el Galileo... se extendió la niebla...

Nosotros no somos gente de guerra y destrucción, nosotros pedimos justicia. Somos un pueblo que fue despojado, reprimido, echado de su tierra por una conspiración imperialista mundial que se disfrazó con los eslóganes, los cuentos y las leyendas de los tiempos pasados.

Se extendió la niebla... y vemos la muerte en los ojos. La enfrentamos horizontalmente.

Pero sabemos de la vida. No somos suicidas. No hemos dicho: ésta es una revolución hasta la muerte. Hemos dicho: ésta es una revolución hasta la victoria. Cuando cayó el primer mártir, quedamos como golpeados. Encima de nuestras cabezas se había parado la tórtola desangrada. Ahora no podemos hacer las cuentas exactamente de nuestros mártires, nuestras víctimas y nuestras pérdidas. En 1967, durante la guerra de junio, treinta y cuatro bases nuestras fueron destruidas en tierra ocupada. Hemos construido otras y hemos seguido hacia delante con nuestra revolución. ¿Cuánto hemos perdido en la última guerra en el sur de Líbano? Es un torrente de sangre. Dios... tan larga es la lista de los mártires.

Pero más de la mitad de ellos murieron en batallas laterales. En septiembre de 1970, en Jordania. Durante tres años, en Líbano, por la mano del fascismo. De ningún cielo se colgaba el sol en julio de 1976 en Líbano. Y del Tal Zaatar hablaron hasta los peces del lejano Pacífico.

Ya sé. Las batallas laterales no paran. Porque ésta no es una lucha que se limite sólo al pueblo palestino. La Revolución palestina es la "palabra de pase" por una nación, es el punto de transformación, la vuelta dada por la historia. Por eso no pararán las fuerzas del imperialismo y del sionismo que este cambio perjudica, en su tentativa de acabar con nosotros. Y si no pueden acabar con nosotros, tratarán por lo menos de detenernos en nuestra marcha, ocuparnos con las batallas laterales. Éstas influyeron mucho en el camino de la revolución. A veces aparecía el peligro tan cercano que sentíamos su respiración en nuestros cuellos. Pero las batallas laterales moldearon la revolución, aumentaron su lucidez, afinaron sus miembros y su experiencia. Aquí aparecieron las fronteras de las alianzas. Y cayeron las máscaras. Era eso imprescindible. Tenía que pasar. A pesar de ello hemos seguido. Llevamos quince años de lucha continua.

Es la mejor edad.

Sí, a la que se junta la pureza de la juventud con la conciencia de la madurez. A esta edad, no se puede claudicar, pero ya se sabe negociar.

Precedemos con el sueño y el gesto al país de nuestro futuro.

La queremos tierra limpia.

Hablamos de ira sin levantar la voz.

La queremos nuestra, tierra liberada y pura.

En respuesta a la violencia hemos inventado las armas contrarias.

Nuestra tierra liberada de todo tipo de represión y despotismo.

Nunca hemos dicho que la verdad viene de la boca del fusil. Los fusiles pueden ser de los locos y los criminales. Para acabar con el terror hemos inventado las armas contrarias, y tras ellas se paró el dolor bardado de sabiduría. Esta batalla no es del poder y de las sillas. La pureza de la razón ha engrandecido el trueno de las balas. Esta batalla se ha encontrado con el origen de las cosas: hay una tierra robada y un pueblo sin tierra. Y todo lo demás es detalle.

A nivel del pensamiento palestino, hemos avanzado la idea del Estado democrático. Éste es el primer proyecto de solución al problema palestino propuesto a nivel de una civilización, no al de una simple política coyuntural. Es un proyecto de solución con visión humana, a la altura de los humanos. Luego hemos dicho: un poder nacional, un Estado palestino sobre cualquier pedazo liberado de la tierra palestina...

¿Y para llegar al país de mi futuro, cuáles son los medios? Yo sé el porqué de las cosas. ¡Quiero saber ahora cómo!

Hace largo tiempo que hemos completado la pregunta... ¿Cómo? Por todos los medios a nuestro alcance y en todos los niveles. Por la actividad económica de nuestro complejo de empresas, del sistema de producción Samed, por la actividad humanitaria del Creciente Rojo Palestino, por la actividad diplomática en las Naciones Unidas, por la lucha política en el campo internacional y por la lucha militar que llegó a su más alto nivel durante la Quinta Guerra en el Sur de Líbano.

¿La que llaman nuestro terrorismo?

La que llamamos nuestra resistencia. Los nazis llamaron a De Gaulle terrorista. Los franceses llamaron a Ho Chi Minh terrorista. George Washington fue calificado de terrorista por los informes del ejército inglés. Los argelinos fueron llamados terroristas. Hoy todos los combatientes de África son llamados terroristas por el colonialismo. Y cuando hablé en las Naciones Unidas, pregunté a la Asamblea: ¿Cuántos de los ahora sentados frente a mí fueron calificados de terroristas durante el período de su lucha nacional? A propósito, ¿sabes que este Beguin que habla de nuestro terrorismo fue demandado por la justicia inglesa por diez mil libras?

Fue esta lucha militar, esta resistencia lo que te llevó a hablar en las Naciones Unidas. En 1952, el secretario general de las Naciones Unidas de entonces decidió cerrar el legajo palestino, borrar la cuestión palestina de la lista de la Asamblea General y turnarla a una comisión secundaria. Veintidós años más tarde, en 1974, estabas hablando en la tribuna de las Naciones Unidas.

Hemos hecho que la cuestión palestina vuelva a ser la primera en la lista de trabajos de las Naciones Unidas. La Séptima Sesión Especial, reunida bajo la consigna de "Unidos por la paz", será enteramente consagrada a la cuestión palestina y sus resoluciones tendrán el valor de las resoluciones del Consejo de Seguridad. Fue necesario reunir esta Sesión Especial porque el veto americano llegó a paralizar completamente el Consejo de Seguridad. Los Estados Unidos tratarán de paralizar igualmente las resoluciones especiales que se refieren a los derechos del pueblo palestino ahí. Pero la resolución pasará.

Pasó la resolución con una mayoría de 112 votos, raras veces alcanzada en las Naciones Unidas. Afirmaba su apoyo a los derechos nacionales inalienables del pueblo palestino y la necesidad de disfrutar de estos derechos, incluyendo el regreso a su patria, el derecho a la autodeterminación y a la edificación del Estado palestino independiente, la urgencia de encontrar una solución global y justa como base de una paz definitiva en el Medio Oriente, el retiro israelí incondicional de todas las tierras palestinas y árabes —incluyendo Jerusalén—, y la aplicación de la resolución especial del Consejo de Seguridad concerniente a Jerusalén. La resolución de la Sesión Especial condenó también todos los planes que preconizan el asentamiento de los palestinos fuera de su patria palestina.

Unos 120 países miembros de las Naciones Unidas nos reconocen. Mucho camino ha sido hecho desde que el primer apoyo nos vino de Argelia, desde que Muhammad Khinder nos dijo: "Si yo fuera palestino y tuviera una bomba, me haría estallar y haría estallar la conciencia del mundo"; desde que nos abrimos al mundo a partir de Argelia... Fue allá que nos encontramos con Guevara por primera vez. No estamos solos en la lucha. Tenemos a nuestro lado a los pueblos amantes de la paz y la libertad, los libres del mundo, tenemos a nuestro lado muchos amigos, en los países socialistas, en los países no alineados, en los países africanos y latinoamericanos. Y nuestras victorias son muchas. La victoria de los sandinistas es una victoria para la Revolución palestina. Nos refuerzan y aprendemos de ellos para nuestras propias victorias. La revolución iraní… ésta cambió las ecuaciones… El imán Jomeini dijo que considera a Irán como un país del frente palestino. En lugar de seguir siendo una fuente de amenazas contra nosotros, Irán se transformó en fuerza a nuestro lado. Yo me acuerdo de las palabras del shah cuando le preguntaron qué haría cuando se acabara el petróleo iraní dentro de quince años, como está previsto. Contestó: "Tengo reservas del otro lado del Golfo". Hacia el Oeste, hacia los países árabes…

Con o sin veto, 120 países nos reconocen y 112 votan a nuestro lado. Avanzamos en el terreno internacional, hablamos con los europeos, cubrimos campos mayores cada día. Y quedan los Estados Unidos. ¿Es nuestra guerra contra Israel o contra los Estados Unidos?

Enfrentamos el imperialismo estadounidense y su punta de lanza, Israel. Enfrentamos la lógica de las relaciones, las alianzas y los parentescos imperialistas entre Israel y los Estados Unidos.

¿No discutirás con los Estados Unidos?

¿Yo? Pero si me muero de ganas de discutir con los Estados Unidos. Que tomen ellos la decisión de discutir con la OLP, el único representante legal del pueblo palestino, y yo les mando mañana quien discuta con ellos.

Abu Ammar, en todos los países donde me tocó vivir o pasar, encontré polos, pensamiento e intereses diversos…

Mira… No vamos a pelearnos la piel del oso antes de cazarlo. La unidad nacional es nuestro alimento y nuestra fuerza, y las balas de nuestros enemigos no sabrán diferenciar los pechos que van a penetrar. Antes de la revolución, nuestro pueblo hablaba del nasserismo, del nacionalismo árabe, del baasismo, de la Hermandad Musulmana, del comunismo, etcétera. Y la lucha palestina no tenía un cuadro propio, no había una actividad propiamente palestina. **Ninguno de estos partidos o movimientos políticos ponía a Palestina a la cabeza de sus necesidades de lucha. Palestina seguía, nunca era primordial. No fue el regionalismo que impulsó nuestra lucha nacional, sino la conciencia del contenido de civilización representado por el eje palestino. De no haberse declarado la Revolución palestina, no hubiéramos podido afirmar que Palestina es el fondo del problema del Medio Oriente. La Revolución palestina es el resultado de la relación dialéctica entre lo particular y lo general. Toma la unidad árabe por ejemplo. Nosotros somos los puentes de confianza entre los diferentes puntos del mundo árabe, pero consideramos que Palestina es el camino de la unión, y no la unión, el camino hacia Palestina. Toma la lucha contra el imperialismo: nosotros consideramos que la lucha contra Israel, contra el enemigo sionista, es parte indisoluble de la lucha contra el imperialismo mundial. Y decimos: el que quiera luchar contra el imperialismo mundial tiene que enfrentarlo en la arena palestina.**

Pasaste mucho tiempo diciéndonos que esta revolución no es de un partido, no tenía que ser juzgada con las medidas de los partidos. Dijiste que una revolución enfrentada a una guerra, como ésta, no puede ser igual que las organizaciones tradicionales. Dijiste que nunca hemos parado de combatir y esto significa que la prioridad para nosotros es el combate, que la lucha militar predomina sobre las demás formas de actividad. Ahí se siente la presión y el peso de las batallas, y si no fuera así, se resolverían los problemas a costa de la combatividad y de la lucha armada.

Sepan que nosotros somos un movimiento progresista, no un partido… somos el movimiento de liberación nacional palestino, que representa a la totalidad del pueblo palestino y sus problemas. No aceptamos las adiciones ni las sustracciones, pero sí la complementariedad.

Somos una revolución que sobrepasó los cálculos de las computadoras, que cada vez que apuestan sobre su muerte,

resurge con una fuerza mayor. Éste es el fenómeno palestino. Su secreto reside en la justicia de su causa, en su dimensión humana, en el origen de las cosas...

En el origen de las cosas, se encontraba una tierra robada, y un pueblo sin tierra... Allí, en América, rezaste como creías que tenías que hacerlo: "Benditos los que vieron esta etapa de la historia... Ellos escribieron su historia en letras de fuego y de luz...". Era muy avanzada la noche, muy temprana la madrugada. Seguías citando el Libro: "Dos ojos no conocerán el fuego... Un ojo que lloró por el temor de Dios y un ojo que se desveló por la justicia...".

Estamos en el origen de las cosas. Hemos hablado de la ira sin levantar la voz. Al centro de todas las selvas, al encuentro de los cuchillos, hemos plantado el árbol mayor. Todas sus hojas se nutren del futuro, las ramas rehenes quedaron fuera de sitio, y Palestina tendrá rasgos muy parecidos a nuestro sueño.

LA DECEPCIÓN

En los años siguientes, las líneas discursivas de Arafat migraron, por fortuna, a un lugar más cercano a la razón y lejos de la euforia. Su reconocimiento al derecho de existencia del Estado de Israel fue el único camino posible para que se reconociera el derecho de su propio Estado. Sería un error creer que el motivo del cambio de postura fue exclusivamente el desgaste y las fricciones de las cúpulas palestinas. Una serie de eventos mostraron que los límites son amplios a la hora de hablar de violencia y nadie quiere conocerlos. De ninguno de los lados.

En 1982, Israel invadió Líbano, en respuesta al intento de asesinato del embajador israelí en Reino Unido por parte de una facción de Fatah. El conflicto se aunó a otros que venían dándose desde 1975 y que iban alimentando lo que sería la guerra civil en Líbano. En ésta se cruzaba Israel, con las disputas entre cristianos y musulmanes, la ocupación militar siria y los intentos de las tropas israelíes por expulsar de territorio libanés a la OLP. El ejército de Israel llegó a la capital, Beirut, y el ministerio de defensa de Ariel Sharón permitió la tragedia en los campos de refugiados de Sabra y Shatila, donde miles de palestinos murieron masacrados a manos de falangistas libaneses. La anuencia de Israel fue deleznable y criminal. Diversas milicias libanesas respondieron a la invasión, entre ellas, Hezbollah, el partido de Dios, una organización terrorista y, al mismo tiempo, una agrupación política auspiciada desde Irán por el chiismo más primitivo y violento. Pero la masacre de Sabra y Shatila no fue la única ocasión en la que Israel tuvo que enfrentar consecuencias más graves que sus barbaridades iniciales. En 1987, un grupo de trabajadores palestinos fueron asesinados por un camión militar israelí, y lo que parecía un simple accidente se sumó al hartazgo palestino, en especial de los jóvenes, ante los abusos derivados de la ocupación israelí. Fue entonces que se dio el momento más conmovedor y emblemático de la resistencia palestina: la intifada.

Quienes vivimos a la distancia este levantamiento, hicimos de él las posibilidades de una idea. Palestina como símbolo de la causa árabe de esos años, no contaba siquiera aún con las armas rusas que fueron llegando desde intermediarios como el gobierno de Gadaffi en Libia o Hafez al-Assad en Siria. No tenía las herramientas suficientes para combatir a los tanques israelíes. En la intifada, una piedra era más poderosa que un Kaláshnikov. Me es difícil encontrar una imagen más llena de credulidad, pero también más cargada de emoción, libertad y esperanza. Miles de jóvenes palestinos salieron a la calle a enfrentar con rocas y palos a las tropas de ocupación. Israel actuó en toda desproporción. Pero si esa era la consecuencia del temor que les provocaba un niño con una roca, se creyó que valía la pena apoyar con cuantos guijarros pudieran encontrarse. Sí, la ingenuidad aplastó muchas vidas y sirvió para refrescar el espíritu combativo, pero también vio nacer a una organización despreciable: Hamás.

El origen de Hamás es el de la intifada, la revitalización de las luchas sectarias y la transmutación de la lucha política en religiosa, con los agravantes que eso tiene. Desde sus principios fundacionales, Israel no era su único problema, pero sí su principal enemigo y obstáculo para establecer en Palestina un Estado islámico, acorde a la doctrina sunní. A través de las brigadas de Ezzeldin al-Qasam, su plataforma de combate y terror, entrenaban a niños en asuntos religiosos y militares, en madrazas donde, sin mayor distinción, se pasaba del Corán al manejo de explosivos.

Hamás y Fatah mantuvieron rivalidades que se integraron a la capacidad autodestructiva del mundo árabe. "Hemos estado tan ocupados tratando de encontrar al malo fuera de nuestras fronteras, que no nos dimos cuenta de que el malo está dentro de casa", le dije a una buena amiga mientras hablábamos de estos temas.

La evolución política de las organizaciones de resistencia permitió el desarrollo de algunos acuerdos de paz como el de Oslo, o Camp David, y el reconocimiento de un territorio que se conformó como la Autoridad Nacional Palestina, dividida en la franja de Gaza y Cisjordania, llamada también el *West Bank*. Su misma creación resulta un absurdo, al ser un territorio de reconocimiento palestino pero situado en un espacio no contiguo, con parte de Israel en medio. Las diferencias se hicieron más evidentes en la administración cuando un pedazo de lo que era la autonomía palestina estuvo bajo control de Fatah y otro, de Hamás, hasta que en 2014 se logró un acuerdo de unidad que depositó en Mahmud Abbas, sucesor de Arafat, el mando del Estado palestino, reconocido por gran parte de los países del mundo y miembro de Naciones Unidas en condición de observador. Dicho estatuto ha sido clave para responder a las constantes intervenciones en territorios palestinos del gobierno israelí, encabezado por Benjamín Netanyahu. Parece que cuando hablamos de Israel y Palestina no hemos logrado detener nuestra tragedia y, para no perder la costumbre, cada vez que damos un paso adelante, damos también dos para atrás.

— \o —

CUANDO LA PAZ PARECE HIPÓCRITA*

No me pregunten cuándo empezó el conflicto árabe-israelí. Aunque tengo la fecha clara, la respuesta sería vaga. Mejor pregúntenme cuándo lo empecé a vivir. Cualquier evento de la historia sólo puede ser contado certeramente desde el acercamiento personal a los sucesos, todo lo demás, lo anterior, es mera referencia que apoya la experiencia propia y, cuando ésta es ausente, quedan los relatos de quien sí los vivió. Así, nacen las versiones.

Ya he dicho cómo desde mi infancia soy incapaz de recordar un instante de paz en Medio Oriente. En los últimos días, los misiles de Israel y Hamás, desgraciadamente, extienden mi memoria.

Era niño cuando paseaba por los pasillos de la OLP en México y escuchaba que mi madre había sido enfermera en las trincheras. Era niño cuando viajé con mis padres a Managua, luego de que se encontraran ahí con Yasser Arafat. Regresé a México con un libro de dibujos de otros niños, palestinos árabes de los campamentos de Sabra y Shatila, asesinados unos meses atrás por fundamentalistas. Ya en la adolescencia, compartí ese libro con un gran amigo judío. Llevaba tiempo sin hojearlo, los dos mantuvimos un silencio que dijo mucho.

* Publicado originalmente en *Sin Embargo*, el 11 de julio de 2014.

Por esas fechas, mientras vivía en Siria por primera vez, un problema con mi pasaporte mexicano estuvo a punto de obligarme a realizar el servicio militar sirio en las Alturas del Golán, donde se hacían ejercicios de guerra contra Israel.

Golán, Gaza, el West Bank.

Tres meses antes de lo que parecía mi inevitable reclutamiento, un informante musulmán del gobierno sirio, con quien tenía buena relación, logró conseguirme un salvoconducto, gracias a las tropas de Cascos Azules asentados en el país. Me escondería dentro de una camioneta de las Naciones Unidas para, discretamente, cruzar la frontera y llegar a Beirut, donde podría dirigirme al consulado mexicano y pedir mi regreso a casa. Al final, nada de esto fue necesario y encontramos otro camino para que pudiera evitar el uniforme. Pero esto es parte de cómo viví el conflicto.

Ateo como una vaca, miembro de una familia griega ortodoxa de larga tradición y, viviendo en un país mayoritariamente islámico, el primer Ramadán que presencié en esos meses resultó muy poco religioso. Una salva al aire se escuchaba por el centro de Damasco, avisaba el inicio del ayuno por la mañana; otra salva por la tarde, su final. Al estruendo le seguía una pregunta recurrente: ¿Ramadán o Israel? Unos segundos de espera. Si no se escuchaba un impacto en tierra, era el mes sagrado.

Años después, ya de regreso en México, se estrenó una película fantástica: *Promesas*, codirigida por Roberto Bolado, un documental sobre la historia de siete niños israelíes y palestinos. La fui a ver con mi gran amigo judío.

Ése es mi conflicto árabe-israelí.

En este momento, ponerse a discutir sobre la legitimidad del Estado de Israel es, más que inútil, una idiotez. Está ahí y no hay más. Vivamos con ello; así lo hice yo, lo hicieron intelectuales israelíes, pensadores árabes y judíos determinados a encontrar una solución real a la tragedia. Después de tener esa discusión toda la vida, he concluido el tema: Israel existe, así como los árabes palestinos tienen derecho a un Estado soberano. Ni la violencia de Hamás ni la respuesta israelí ayudan. Sólo sirven para olvidarnos, en el tibio escándalo, del costo humano que implican. Ahí, bajo los misiles cruzados, hay gente que tiene poco que ver con las iras imbéciles y criminales de unos cuantos políticos y milicianos. El origen del conflicto tiene, por donde uno vea, argumentos a favor de uno y otro lado y quien tome la voz, si es articulado y elocuente, logrará convencer al interesado en escucharlo.

Hamás, el Hezbollah, Qatar, todos los que apuntan desde un bando defenderán el derecho a atacar a un enemigo. ¿Por qué? Porque es su enemigo. Israel, como política de Estado, encontrará fácilmente, no sólo en los eventos que calientan nuevamente la zona esta semana, sino también en los que vendrán, una razón para legitimar su defensa, por más brutal y desmedida que sea. No olvidemos: la violencia siempre es desmedida, aunque se jerarquiza por su nivel de salvajismo. El mundo tomará partido por quien quiera.

Existe en nuestra especie una necesidad natural de buscar contrarios para todas y cada una de las situaciones; es un asunto de supervivencia. No hay un bueno sin alguien a quien condenar como malo. Si todos fueran buenos, no lo serían. La lectura del conflicto árabe-israelí tiende a esta simplificación extrema, dejado a un lado un universo de elementos a considerar —por ejemplo, mi relación con el propio conflicto no entraría en un análisis apresurado—. Si en medio del debate sobre la paz en Medio Oriente decimos que estamos frente a un problema de injusticia, lo ideal sería acabar con ella. Me refiero a la no tan añeja discusión sobre el derecho de tierra que reclama tanto una población como la otra. Todos —supongo— anhelamos un mundo justo, sin embargo, esto es absolutamente hipócrita y, si transformamos la paz en un problema de justicia, corre el riesgo de parecer simulación.

La injusticia es una condición natural, como los contrarios. Esto va desde lo más primario —un niño tiene una canica, el otro tiene dos, o no quiere la suya sino la de su compañero— hasta la coexistencia entre países. Cualquier intención de un equilibrio que intente evitar esto cae, como hemos visto históricamente, en la utopía. La utopía, para mantener su estatuto descriptivo, tiene que ser inalcanzable; querer llegar a ella es también hipócrita.

Cada día me convenzo más de que la paz en Medio Oriente es inalcanzable. Lo que sí podemos hacer es buscar, dentro de las posibilidades y limitantes de los hombres, que las condiciones en estos países sean lo menos inequitativas para los actores implicados. Es decir, no veo posibilidad de que desaparezca el conflicto que me lleva a escribir estas líneas, pero sí puedo imaginar un esfuerzo para que las condiciones de las mayorías en estos lugares sean más parejas y, por lo tanto, más seguras. La equidad está un nivel abajo de la justicia.

Israel deberá detener los lanzamientos de misiles y sus amenazas de incursión terrestre, suspender las humillaciones hacia aquellos con quienes comparten más coincidencias de las que acepta la política. Los radicales proárabes palestinos comparten la obligación humana de detener los ataques, los secuestros y demás actos de barbarie que únicamente legitimarán una respuesta tan idiota como la que un día originó el conflicto.

Esta idea de rescatar algo de equidad podría ser la vía para retomar las negociaciones que hoy, tras los eventos de los últimos días, se han interrumpido hasta sabe la vaca cuándo. Para que esto ocurra, es imprescindible la participación multilateral de negociadores internacionales, pero también será necesario ser hipócrita. Para que la escalada de violencia se detenga, todos deberán obviar las explosiones, las amenazas francas a civiles de ambos lados y los discursos de odio. También las muertes de estos días.

Son muchas las fichas de este tablero que es Medio Oriente que se pueden intercambiar para llegar al mejor estado de seguridad posible. Sólo hay una cosa que se debe dejar fuera, si es que queremos alcanzar esa seguridad: el factor religioso de ambos lados, sin lugar a dudas, tiene que dejar de ser el argumento central de legitimidad. La religión, a estas alturas, lejos de servir como instrumento de unidad social —lo fue en una época— hace daño porque ya no es la vida de los niños de la película de Bolado y otros lo que está en juego, tampoco la de sus padres, sino los dogmas indefendibles, religiosos y étnicos que cuestan demasiadas vidas.

UN ESFUERZO IMPOSIBLE

He pasado los últimos años tratando de entender, y en el camino explicar, qué sucede en Medio Oriente. Durante este tiempo, he visto cómo el análisis de la zona difiere, no sólo desde fuera, también en su interior. Un estudioso de París podrá negar que los conflictos regionales incluyan a Marruecos, afirmando que poco tiene que ver con lo que pasa en Yemen o en Afganistán. Por su parte, un comentarista transmitiendo desde Atlanta mete en la misma intervención televisiva a la India y a Libia. De cierta forma, los dos tienen razón, y no la tienen.

La definición geográfica de Medio Oriente no nos hará llegar más lejos de los países del Levante y la península arábiga, pero su relación con las naciones circundantes y el entrecruzamiento de sus orígenes y futuros, nos hace abrir el lente al norte de África, a Pakistán y a Bangladesh.

El proyecto panárabe de Nasser jamás incluyó a la India, que se encuentra lejos del país más cercano a los conflictos de la zona: Afganistán. Sin embargo, la naturaleza de los elementos que rigen los pilares culturales de una sociedad y las complicaciones que pueden representar obligan a levantar la mirada hacia el exterior de los límites que se quieren comprender. Para alguien como yo, que sostiene su rechazo religioso, resulta en verdad molesto ver cómo, entrados en el tercer milenio, todavía hay religiones en expansión. El islam es, en este momento, la doctrina de mayor crecimiento en el mundo y, como especie, hemos sido lo suficientemente bestias como para no diferenciar entre los problemas políticos y los religiosos. De defender el legítimo derecho a la existencia de un país, pasamos a empuñar la metralla para defender, antes que al país o a su gente, la creencia de la mayoría dentro de las fronteras a proteger. En estas circunstancias, es fácil hacer a un lado las empatías hacia Medio Oriente. Desde ellas se ha brindado apoyo a los actores de las guerras de la región, incluso a los actores pasivos o secundarios, al punto en que Arabia Saudita llega a tomar en cuenta a Malasia, India o Pakistán para hacer coaliciones en pos de la unidad musulmana. Ya veremos si al paso del calendario esto no nos regala alguna sorpresa.

Además de lo que ya he descrito, existen dos o tres grandes eventos que fueron definitorios para la actualidad de Medio Oriente: el progresismo árabe que siguió al panarabismo, la revolución de 1979 en Irán y la caída de la Unión Soviética.

En 1969 estalló la revolución en Libia, con Muammar Gadaffi al frente, un licenciado en Derecho que tomó el rango de coronel y terminó por ser una muestra del más grande totalitarismo. Se reveló como un payaso imbécil capaz de hundir a su país en sus excesos y desplantes. Gadaffi buscó suceder a Nasser como defensor y representante del panarabismo. A principio de la década de los ochenta, mi familia se fue a vivir a Trípoli gracias a una invitación del coronel, quien no llegaba todavía a los delirios que lo llevaron a un fin quizá merecido. En Trípoli se buscó reunir a todos los arabólogos del mundo para discutir el futuro de la región. De esa época, sobreviven las mentiras de los enemigos que me fueron heredados. México puede ser muchas cosas luminosas, pero es también, lamentablemente, la casa de la infamia, el insulto, el invento y el desprecio. De vez en cuando —más de lo que es admisible, pues el ocio es hermano del arte, pero también de la estupidez—, aún me llegan mensajes en el tono de esos años, cuando se dijo que mi casa había sido comprada por el dictador libio, cuando se le inventó a mi madre un *affaire* con Kissinger, cuando las ideas eran tan peligrosas como ínfimos los atributos de quienes soltaban la difamación. Ya en la edad adulta, recuperé contacto con esos países, que ahora veo como un proyecto que nunca fraguó y, en cambio, desembocó en los peores autoritarismos y más deleznables gobiernos.[9]

El coloquio de Trípoli no llegó a nada, era otro ejercicio de legitimación para enaltecer, bajo la bandera del panarabismo y la idea de unidad, el caudillismo de un militar sin honor marcial. Gadaffi le compraba armas a los rusos y las ponía en manos de terroristas propalestinos o islamistas. De manera similar actuaron Hafez al-Assad y Saddam Hussein; todos fueron patrocinadores de barbaridad y media, contra todo lo que se opuso a ellos. Sin embargo, su coincidencia no descansa sólo en esto. Comprendieron que el panarabismo de Nasser tenía fallas que lo hicieron intransitable. Era necesario, entonces, crear una base de paridad social y económica que permitiera continuar el sueño de unidad, al interior de los propios países que gobernaban. La injerencia de la Unión Soviética entró perfectamente en la ecuación, dando pie al progresismo del *nacionalsocialismo árabe*. ¿En serio, esa cantidad de adjetivos eran aplicables o válidos para un grupo de países pobres y subdesarrollados? Pagamos el precio del desprecio al lenguaje en aras de la modernidad. Esa modernidad.

Más adelante me adentraré en las políticas de los partidos Ba'ath de Siria e Irak, precursoras de las estrategias de adoctrinamiento en el período de auge del terrorismo fundamentalista que siguió a las Primaveras árabes. Por lo pronto, la dependencia de estos dos países a las estructuras del bloque este europeo del siglo XX se vino abajo con la caída del Muro de Berlín y se le abrieron las puertas a un camino que, pese a ser piedra angular en los conflictos regionales, en esos años no llegó al nivel de relevancia que se conoció a partir del inicio

---

[9] Extracto de un texto publicado en la revista *Nexos*, en noviembre de 2015.

de la década de los noventa: sin comunismo que sirviera de escudo, quedaba el regreso al islam.

Antes de revisar el último gran evento modelador de Medio Oriente, quiero escribir unas líneas acerca de un elemento más dentro de este rompecabezas que es importante mencionar y que puede recordar a las divisiones religiosas anteriores: los Hermanos Musulmanes. Nacieron en Egipto de un muy pequeño grupo de trabajadores del Canal de Suez, a finales de los años veinte. Convencidos —como lo estuvieron otros y es posible que nuevos lo vuelvan a estar— de que era necesario retomar los valores del islam, pervertidos por la influencia de los colonizadores, promovieron un movimiento que buscaba establecer la unidad de los países árabes a través de la interpretación sunní de la ley islámica.

Nunca han tratado de ocultar su vocación antioccidental y en los años del panarabismo representaron un factor de disidencia contra Nasser y la secularidad de su proyecto. Este movimiento parecía insignificante, en términos de gran política, hasta 1982, cuando Hafez al-Assad ordenó una operación militar en la ciudad de Hama, en Siria, para neutralizar a la Hermandad, que había logrado colocarse como una de las principales figuras de oposición a la dictadura. Las cifras de aquella incursión son tan claras como lo puede ser cualquier información dentro de un país con control absoluto sobre sus fuentes, sin prensa libre y del que se sabe apenas lo que alcanza a escaparse entre murmullos. Se habla de cinco a cuarenta mil muertes, con fuertes y creíbles rumores acerca del empleo de armas químicas en aquella masacre. La experiencia en noticias sirias me ha llevado a encontrar una manera de trabajar con esos datos, así que tengo que quedarme con miles de asesinatos y el posible uso de armamento no convencional. La simple duda supera los límites de lo escandaloso.

Regresando a lo que iba. Se le ha dado menos importancia de la que tiene, pero la revolución de 1979 en Irán es el parteaguas de la realidad medio oriental de los últimos cuarenta años. No olvidemos que, si muchos de los países árabes se independizaron en la década de los cuarenta, la revolución iraní representa la mitad de su existencia.

Antes de la revolución, por un breve lapso de tiempo Irán se dibujó como un país secular bajo el mandato del Shah, una figura monárquica impuesta por Estados Unidos y Gran Bretaña, luego de que estos facilitaron un golpe de Estado contra el primer ministro, quien había nacionalizado el petróleo iraní, desfavoreciendo los intereses occidentales. A petición de Occidente, el Shah —que venía de la familia gobernante de Persia y era aliado del gobierno nazi de Alemania— instauró una serie de reformas que cambió la vida de Teherán en los setenta.

No se trata de avalar al gobierno del Shah, en lo absoluto; que quede claro. Una vez más, su acceso al poder obedeció a la injerencia y la soberbia de occidente, cosa aberrante. Pero durante los años que estuvo en el poder, no lo hizo tan mal. Aquí quiero mencionar un hecho que podrá parecer frívolo, pero no lo es. Antes de la revolución de 1979, en el contexto de la época y la liberación femenina que siguió al mayo de 1968 francés, las mujeres paseaban por las calles de la capital iraní en minifalda. Hoy, en los países musulmanes, es imposible presenciar ese escenario, fuera de ciertos lugares de Beirut.

Lo que se entendió como la occidentalización de Irán molestó a los sectores nacionalistas iraníes, enormemente influenciados por los clérigos chiitas liderados, entre otros, por el ayatola Jomeini. El ayatola nunca perdonó que el Shah reconociera la existencia del Estado de Israel, pues veía en este hecho la más alta traición, no al país, sino al islam.

A partir de los testimonios que recopilé sobre la revolución de 1979, confirmé lo que me sonaba a fantasía cuando me lo contaban en mi casa: que, entre los gritos que se escucharon en las calles de Teherán, se pedía la muerte del Shah y la de un segundo personaje, ahora histórico y parte del mito, el hombre que trece siglos atrás decapitó a Hussein, el hijo del califa Ali, seguidor del profeta. Entre los dos encarnaban los males de la historia chii'a. Por fin, a través del Estado confesional que se instauró con la llegada del ayatola, el chiismo veía la redención y la posibilidad de ser contraparte del sunísmo establecido en Arabia Saudita. Esto fue el retorno de una batalla que no ha terminado, en nombre de la verdad de Alá.

El gobierno de los ayatolas regresó al islam primitivo, ese que niega la secularización, y decretó *fatwas*[10] contra quienes exhibieron sus aberraciones. Cubrió de pies a cabeza a las mujeres y aplastó la identidad del individuo bajo las intenciones unificadoras del profeta. Sirvió para gestar la carrera nuclear del Estado iraní. Le dio al chiismo los recursos que necesitaba para apoyar financiera y militarmente la dictadura alauita de la familia Assad, en Siria. Apoyó a la milicia del Hezbollah, en Líbano, y a los extremistas chiitas de Irak.

Una especie de paréntesis en 1973 puso a los países árabes en la agenda económica internacional, recombinando las piezas que componen el tablero de Medio Oriente. En octubre de ese año, Siria y Egipto intentaron recuperar los territorios perdidos en 1967, con resultados no muy distintos a los episodios anteriores. En represalia a los países que apoyaron a Israel en el conflicto —conocido como la guerra de Yom Kipur—, los miembros de la Organización de Países Árabes Exportadores de Petróleo decretaron un embargo de hidrocarburos que sumergió a Europa y Estados Unidos en una profunda crisis. Dado que la revolución de 1979 había impedido comprar petróleo iraní a Occidente, cuando se empezaron a normalizar los suministros a principios de la década de los ochenta se vio obligado a reforzar los esquemas comerciales con Arabia Saudita y los Emiratos Árabes. Este hecho ayudó a constituir uno de los mayores poderes que hemos conocido, el que controla, desde el salafismo, los combustibles fósiles del planeta entero y

---

[10] Pronunciamiento legal en el islam que puede condenar una herejía. La fatwa más conocida en Occidente en los últimos años es la que cayó sobre Salman Rushdie, tras la publicación de *Los versos satánicos*.

cuyas prácticas especulativas siguen siendo generadoras de las grandes crisis internacionales, producto de la sobreproducción de petróleo en la península arábiga.

Aquí se abre una nueva veta, de la que se podrá escribir en el futuro próximo. Luego de años de insoportables tensiones entre Estados Unidos, Irán e Israel, se deja ver una muy ligera, inestable y nada definitoria normalización de las relaciones entre el Estado persa y Occidente —muy a pesar de la opinión de la derecha israelí, tras un acuerdo nuclear que puede ser tomado en la historia como el verdadero gran logro de la administración del presidente Obama en materia internacional—. Con su reincorporación al escenario mundial, el crudo iraní tiene la posibilidad de volver al mercado, lo cual tiene una relevancia capital, pues, aunque en las últimas décadas los esfuerzos por reducir la dependencia del planeta entero a los combustibles fósiles han sido incansables, tampoco se han logrado muy buenos resultados. Al sur de Medio Oriente, los países de la península se seguirán viendo obligados a mantener su producción para poder financiar a los muchos grupos beligerantes de la región, pese a los desastrosos resultados financieros que esto ha provocado —hasta los sauditas están en problemas, por raro que suene—. El dinero que hay pertenece a los llamados *fondos de reserva*, que son propiedad de las familias, no del Estado[11], mientras que el Gobierno de Teherán tendrá que hacer lo propio para volver a participar en el mercado y subsanar las pérdidas tras años fuera de éste. Así, los precios del crudo tendrán una nueva variable en sus ecuaciones, divididas entre el petróleo de procedencia chi'a y salafista, incrementando las causas del odio interreligioso que nació con aquel parafraseo de: *ser califa en lugar del califa*. Sobre todo, seguirán alimentando la disputa por la hegemonía regional.

---

[11] En realidad, Arabia Saudita no funciona como un Estado, sino como un territorio del que son dueños distintos clanes. Esta sutileza no le ha quedado clara a más de un gobierno que insiste en estrechar lazos estatales con ellos. Por ejemplo, el mexicano.

Los años que hoy pesan

El progresismo árabe sirvió de plataforma para muchas de las dictaduras de Medio Oriente. En Egipto, Nasser fue sucedido por Anwar al-Sadat y, poco después de su asesinato en 1981, Hosni Mubarak ocupó el cargo. Muammar Gadaffi gobernó Libia desde 1969. Hafez al-Assad llegó al poder en Siria mediante un golpe de Estado en 1971. En Irak, Saddam Hussein mantuvo su dictadura de 1979 hasta que fue derrocado en 2003, con la invasión de la coalición liderada por Estados Unidos que siguió a los atentados del 11 de septiembre de 2001 en Nueva York y a las falsas acusaciones del gobierno de George W. Bush contra Bagdad de poseer armas de destrucción masiva.

Todos estos gobiernos coincidían en su brutalidad y corrupción a un nivel sólo comparable con las dictaduras militares del cono sur, y ni siquiera éstas llegaron al nivel de violencia y opresión que se conoció en los países árabes. Tortura sistemática, sometimiento que en algunos casos se transformó en esclavitud, matanzas por motivos étnicos, políticos y religiosos. Uso de armas químicas sobre la población general, incluidos niños. Institucionalización de policías secretas encargadas de arrestos ilegales, masivos y desapariciones forzadas. Ni uno de estos países estuvo exento de al menos dos de estas glorias del salvajismo. Mantuvieron gobiernos bajo un estado de excepción permanente. El totalitarismo, ya lo había dicho, es denominador común de las sociedades árabes.

No todos los países de la zona estuvieron inmersos en proyectos panárabes o progresistas, sin embargo, la gran mayoría se enfrentaron a episodios de violencia semejantes. La aceptación y normalización de la violencia tiene diversos orígenes, algunos propios de la región, mientras otros comunes al mundo entero. En la historia no ha existido una sola dictadura o gobierno totalitario que no haya contado con apoyo social. En su novela, *Las buenas personas,* Nir Baram retrata un escenario que permitió el crecimiento del poderío alemán durante la Segunda Guerra Mundial: el apoyo de sectores gigantescos y preparados de una población a un movimiento que hizo las peores atrocidades. El discurso discute con la banalidad del mal de Hannah Arendt. Aquí, el mal puede ser consciente y el beneficio que representa, ya sea por temor, supervivencia o conveniencia, es suficiente para que alguien se sume a él. Sin el respaldo anónimo de millones de personas comunes y corrientes, el nazismo no se hubiera expandido como lo hizo. En los países de las dictaduras árabes ocurrió lo mismo. Grupos de comerciantes de aliaron con los regímenes a sabiendas de lo que hacían; miles de jóvenes se enlistaron en las policías secretas y entregaron a sus amigos cuando éstos mostraron descontento. Todos los que hemos vivido en esos países y tuvimos algún tipo de privilegio o comodidad hemos formado parte de la maquinaria de corrupción al interior del sistema, en mi caso, de Siria y Líbano. Si querías cualquier cosa fuera de lo más básico, y en ocasiones también de lo elemental, recurrías a un criminal —militar, funcionario, policía secreta— para obtenerla. Pasaportes, visas de salida, cigarros americanos, whisky escocés, autos en renta, cambio de divisas, etcétera.

El otro sostén del totalitarismo en los países musulmanes es cultural, producto de esa identidad que nació con la lengua. La comunidad se entrega a una regla de la que ya he hablado, la *ijma,* la unanimidad. Incluso las divisiones derivadas de los levantamientos de 2011 no eran asunto de minorías enfurecidas, sino de minorías numéricas que en términos simbólicos funcionaron como mayorías. A través de cierto consenso, las Primaveras árabes de ese año surgieron como movimientos masivos. En los países árabes, las minorías políticas, sociales o ideológicas eran inexistentes, por lo que las mayorías no imponían su fuerza sobre ellas. Era un todo socialmente aceptado, en el que la divergencia era condenada al ostracismo y su posterior anulación. La unanimidad era rectora del comportamiento.

Y cuando el mundo se hizo grande, ya no fue tan sencillo ocultar lo que ocurría en el otro hemisferio del mundo. Y se soñó con democracia. Y se anheló la libertad del individuo. Y se cansaron de la corrupción. Y los regímenes reprimieron la confrontación a su unicidad, con la mayor violencia.

Eso fueron las Primaveras árabes. Iniciaron con las protestas en Túnez, en diciembre de 2010. Su ola se contagió a Egipto, Libia, Siria, Yemen, Bahréin, Mauritania, Omán, Arabia Saudita... En dos semanas se depuso a Mubarak en Egipto; en ocho meses, a Gadaffi.

Y triunfó la ingenuidad...

Era imaginable que, en algún momento de la historia, iban a despertar las poblaciones que habían permanecido dormidas durante mucho tiempo, y saldrían a la calle a reclamar lo que ya era condición en esa parte del mundo llamada, con cierta petulancia desde Occidente, mundo libre.

Los efectos a mediano y largo plazo de las Primaveras árabes son particulares para cada país. Por eso las nombro en plural y no con el singular que las envuelve lo que se puede entender como un solo evento. Sus particularidades marcan la distancia con la que se llega al otoño. Jordania, luego de levantamientos sin mayor candela, recobró la normalidad de su vida bajo la figura monárquica que le ha dado cierta estabilidad y lo ha convertido en punto de equilibrio para las negociaciones entre Israel y el resto de los países árabes. En Bahréin se salió a la calle con euforia, y con violencia se suprimieron las protestas que aún se llegan a organizar, aunque de forma un tanto desordenada. Hablar de las Primaveras árabes es un tema que pide distancia, paciencia y, tal vez, un texto mucho más largo, que posiblemente escriba algún día, cuando la resaca estacional se haya esfumado. Fueron demasiadas aspiraciones juntas, envueltas en igual número de errores, pero, si queremos entender de que qué forma moldearon el Medio Oriente de hoy en día, quizá debamos concluir que, sin ganas de ser simplistas, los países árabes no han logrado, por más esfuerzos seculares que se intentaron durante el panarabismo, separar los terrenos político y religioso. Esto se ve en el más grave fracaso de estos levantamientos, el sirio; sin embargo, también vale la pena prestarle atención a Egipto y a Libia.

En El Cairo, luego de protestas masivas que nadie de mi generación había presenciado en un país árabe para un asunto doméstico, la pronta salida de Mubarak y su arresto dieron la impresión de que una nueva era se avecinaba para Medio Oriente. El control militar posterior a su arresto, el triunfo en elecciones de los Hermanos Musulmanes y la siguiente debacle del presidente islamista Morsi dieron lugar a la persecución de los miembros de la Hermandad y la natural radicalización de los distintos actores implicados. El resultado a este punto es parecido al desorden iraquí, que vino tras la retirada de las tropas norteamericanas, luego de su invasión. Las rencillas sectarias, una ausencia de poder centralizado capaz de hacerse escuchar entre los diferentes sectores y la injerencia de grupos no estatales relacionados con los conflictos de los países vecinos han extendido las complicaciones de esta suerte de guerra civil continua, en la que la vida se normaliza entre atentados y un espectro de orden a un costo humano impagable.

Libia, por su parte, es lo anterior, más la reminiscencia de las conformaciones sociales previas al panarabismo. A diferencia de Egipto, que históricamente había sido el país desarrollado, cabeza de los movimientos e ideas de la región, Libia se había desenvuelto más hacia el espíritu africano que mediooriental. Gadaffi había fracasado en su intento unificador de las naciones árabes, y luego de formar parte de acciones terroristas contra objetivos occidentales, ni Medio Oriente quiso tener gran relación con él, obligándolo a dirigir sus discursos a sus vecinos directos. Su caída mostró la furia de un territorio que no era del todo africano, aunque tenía los problemas de gran parte del continente, ni era absolutamente árabe. Una realidad parecida a la de Sudán, donde el islamismo ha encontrado un espacio encubierto a los ojos del resto del mundo, poco analizado, lo que facilita el despliegue de grupos fundamentalistas y sirve como terreno de preparación o refugio para el terrorismo religioso. Hasta llegar al genocidio en Darfur,[12] al interior del país africano, contra musulmanes negros por motivos económicos.

---

[12] De 2003 a 2010: 400,000 muertos y alrededor de 2,000,000 desplazados.

¿Qué es el terrorismo?*

*E*l terrorismo ha sido, frecuentemente, la vía violenta y asesina de la utopía. La reacción a su inevitable necesidad de imposición. La anulación del otro como semejante.

Es la manifestación criminal de la búsqueda de un objetivo, a menudo ideológico, a veces político, otras religioso.

Es el uso de violencia ilegítima para conseguir un fin. El terrorismo es miedo, es odio.

Bombas, asesinatos, sabotaje, secuestros, atentados.

El objetivo no son las víctimas, son los otros, los vivos. La incertidumbre, la fragilidad. El terror. La amenaza.

ETA, IRA, FARC, Septiembre negro, Hezbollah, Hamás, el Jihad islámico, al-Aqsa, Boko Haram, al-Qaeda, el Daesh.

El terrorismo quizá tenga su origen en un pensamiento del siglo V y las diferencias entre dos teólogos, San Agustín y Pelagio. Las raíces del terrorismo islámico llegan al siglo VII, tras las primeras divisiones del islam, cuando un tercer grupo, los Kharawej, rechazó la sunna y la chi'a. En el siglo XVIII, encontramos el terror en el período que siguió a la Revolución francesa.

El terrorismo no tiene una sola identidad, ni un solo lugar de origen. Es el vehículo del extremismo. Depende de su visibilidad.

¿De dónde viene? ¿Cómo contener el terrorismo?

---

* Transmitido originalmente en el programa *Así las cosas*, de W Radio.

LAS CAUSAS DEL TERROR

Sin ánimo de darle el menor beneficio al prejuicio, tengo la penosa necesidad de abordar el terrorismo para referirme a una gigantesca parte de los problemas de Medio Oriente. El terrorismo es el cáncer que ha bloqueado la posibilidad de soluciones. Está ahí, día con día, en su papel de principal enemigo, no sólo de los creyentes —como lo ha venido diciendo el discurso racional en defensa del religioso laico—, sino de esa entidad que va por encima de las filias de cada uno: el ciudadano. En un plano más simple, el terrorismo es enemigo de la persona.

Es común que quien se fija en esta parte del mundo y su gente relacione a los criminales con la generalidad de la población árabe. (Será en otro momento cuando me ponga a escribir sobre el derecho a la ignorancia, que es uno de los costos de la libertad, por lo que incluso tendré que defender al imbécil de vez en cuando.) Si tomamos un período cualquiera de la historia y revisamos sus luchas, descubriremos que a cada tiempo le correspondió una serie de grupos de salvajes que encontraron en el terror la manera de intentar imponer su pensamiento. Pero en este texto estoy tratando Medio Oriente y aquí no encuentro buenos ejemplos de terrorismo ario, supremacista blanco o evangelista cristiano. Evitando la corrección política, tenemos que reconocer que Medio Oriente, durante la segunda mitad del siglo XX y lo que llevamos del XXI, ha sido el lienzo del terrorismo de procedencia islámica, luego árabe y en menor medida israelí. ¿Por qué?

Por la razón más sencilla: porque es eficaz.

Es imprescindible diferenciar las causas que llevan a un grupo o individuo a cometer un acto terrorista y, a la vez, reconocer que sin importar estas diferencias, cuando un acto cumple con ciertas condiciones que lo definen como terrorista, éste siempre será criminal, sin excepción ni disculpa, sobre el que debe caer la mayor condena de la ley internacional.

Medio Oriente y África han sido partes del mundo evidentemente reducidas en la historia por los poderes del momento. Sus intereses no han sido jamás los de los dominantes, ni siquiera los de las buenas conciencias, que, salvo grandiosas excepciones, no antepondrán su vida a la de una comunidad subsahariana, magrebí, drusa, etcétera.

No es de extrañar que la comunidad minoritaria busque los mecanismos para que sus inquietudes se hagan públicas, y nada ha funcionado mejor que una acción deleznable, una llamarada de atención que meta a escena el conflicto que se venía ignorando. El acto terrorista se convierte así en una herramienta de comunicación.

Para mi profunda repulsión, dicha perspectiva ha permitido que muchos, más de los que soy capaz de confrontar en buena discusión, crean que pueden encontrar los argumentos que hagan válida una acción de este tipo. Es un problema de relativización. Las cosas, desde la insensatez, se tornarán graves dependiendo de las empatías de quien juzgue. He leído cómo se llegan a aplaudir los asesinatos de europeos o norteamericanos a manos de grupos palestinos, y se me han puesto los pelos de punta cuando encuentro los mismos argumentos, o al menos muy similares, ante crímenes contra individuos de origen africano o latino en el sur de Estados Unidos, por parte de segregacionistas locales. Sin llegar a ese extremo, el lector podrá recordar las palabras de Arafat páginas atrás. Los matices en cada caso son diferentes, pero siempre que deja de condenarse un evento terrorista, o que no se separa del pretexto que le dio causa según sus perpetradores, me da la sensación de que descendemos varios peldaños en la escala de decencia que nos puede salvar como especie.

La eficiencia del acto terrorista depende de sus víctimas, en primer y segundo grado, y éstas nunca son combatientes, sino civiles o población no combatiente. Por eso resulta imposible su legitimación.

Con la idea de atraer la atención sobre temas incómodos para los contrincantes, cualquier grupo puede ponerse a sí mismo en posición de minoría alienada. Esa minoría, cuya causa no pondré en duda en ningún momento, puede llevar su sueño a una visión utópica, que se ve obstaculizada por el grupo dominante, por lo cual recurre a la vía violenta. Es decir, si yo y mi grupo pertenecemos a una etnia particular que vive rodeada de una población distinta a nosotros, mi utopía puede ser proclamar la independencia de mi localidad. Al enfrentarme a la negativa y desdén del país en el que se desarrolla la disputa, el camino terrorista permite llevar mi inquietud a la agenda pública. La única barrera que le impide a alguien desembocar sus objetivos en la acción terrorista es la decencia. Habrá que entender qué papel juega ésta en los escenarios de violencia y las diferencias entre los tipos de violencia.

Para continuar debo dejar claro unas cuantas diferencias entre cada una:

La violencia entre dos ejércitos formales, incluso si uno es estatal y el otro no, es violencia legítima.

La ejercida por un grupo militar, no estatal, en contra de población civil es absolutamente ilegítima. Puede ser un acto terrorista o un crimen de guerra.

El ataque de un ejército estatal contra población civil, no armada, es violencia ilegítima, pero no un acto terrorista, sino una masacre, un crimen de guerra o lo que ya se entiende como delito contra la humanidad. Incluso el genocidio.

He tenido serias dudas a la hora de calificar ciertos actos como terrorismo de Estado, tantas que en la mayoría de las ocasiones termino por catalogarlo de otra forma, de acuerdo con una definición suficientemente clara. El genocidio, la tortura, las desapariciones forzadas por parte de elementos de un Estado no son actos terroristas, sino crímenes profundos que atentan contra la concepción del Estado mismo.

No es mi intención debatir aquí sobre las diversas acepciones de estos términos —existen muy buenos materiales que desarrollan el tema del terrorismo con más prolijidad y sus autores cuentan con mayores conocimientos que yo al respecto—, sino tratar de exponer los elementos con los que un lector puede acercarse a este terrible ingrediente del quehacer político en Medio Oriente, porque el terrorismo se ha transformado también en una forma de hacer política. De la peor calaña.

Entre las condiciones que hacen que un acto terrorista sea tal se encuentran su premeditación, la voluntad de exteriorización del acto y del victimario, y la perversión más complicada en su naturaleza: los objetivos reales del terrorismo no son las víctimas fatales o los heridos del acto terrorista, sino los terceros que lo presencian y a quienes invade el terror. Nosotros, que no hemos muerto bajo una bomba, pero tememos que una pueda explotar en nuestro camino al trabajo o escuela.

El desarrollo del terrorismo en la realidad medioriental de los últimos cien años tiene que revisarse a la par de la evolución de las organizaciones y causas que nacieron de los conflictos regionales. Es común que un medio de comunicación, al dar la noticia de un atentado en las calles de Faluya, en Irak, diga que fue perpetrado por extremistas o fundamentalistas, sin que eso signifique mayor cosa. Pero el significado existe y es gigante. Si en algún momento se quiere detener la metástasis de ese cáncer, será útil prestar atención a las definiciones.

Una organización extremista, así como una fundamentalista, puede cometer actos terroristas. De hecho, lo hacen con frecuencia. La primera argumentará, sobre todo, causas políticas y en el radicalismo de sus acciones y discursos se hará extrema. Ejemplos de este tipo los vimos en Europa, con la ETA vasca o el IRA irlandés. Fatah, del lado palestino, en su inicio fue una organización radical, pero conforme la causa árabe se fue inundando del protagonismo religioso entre judíos y musulmanes se transformó en una organización de corte evidentemente fundamentalista. Como también lo son, sin duda, Hamás o el Hezbollah.

La lista de organizaciones terroristas relacionadas con Medio Oriente es vasta y no se limita a la definición geográfica. Se han extendido a África y Asia. Sus fuentes de financiamiento también. Durante la Guerra Fría, varias estuvieron apoyadas por la Unión Soviética; otras, por los países petroleros, y otras más, por los gobiernos de Gadaffi, la familia al-Assad, el Ayatola Jomeini o Sadam Hussein. Estas organizaciones siempre han sido el instrumento institucionalizado de las estrategias no oficiales de los Estados.

El siglo XXI arrancó mostrando una nueva cara del terrorismo: la que implicaba sus ilimitadas posibilidades de expansión y fragmentación. Los atentados de 2001 en Estados Unidos, contra el Pentágono y las Torres Gemelas, fueron, además de la tragedia, la apertura de la caja de Pandora, que demostró cómo el vaivén de intenciones y acciones de la Guerra Fría sólo estaba esperando el día justo para manifestarse en la peor de las pesadillas. Armas que se pasaron de un lado hacia el otro sirvieron para entrenar a los futuros enemigos. Los enemigos locales se hicieron globales y nacieron organizaciones que intercambiaron banderas para causar terror.

Las Primaveras árabes fueron el caldo de cultivo de un laboratorio lleno de infecciones. Su desorden y las guerras civiles que siguieron pavimentaron el terreno para exacerbar el discurso de odio en un territorio lleno de él. En 2015, dos series de atentados en París, uno contra la revista Charlie Hebdo y el otro contra el centro nocturno Bataclán, recordaron la fragilidad que se respiró en Nueva York años atrás y la imperiosa necesidad de revisar las estrategias de paz en el mundo entero. Todo lo que se pueda decir alrededor de esos eventos será reiterativo, pero no hay que olvidar dos puntos clave para que el terrorismo prospere y, al mismo tiempo, para combatirlo: el odio y el miedo, con ellos el terror es todo, sin ellos, nada.

EL ODIO*

Negro, mujer, hombre, gringo, indio, moreno, amarillo, musulmán, homosexual, blanco, comunista, anarco y oriental. El rico o el poderoso, por fuerza también el pobre. El político, el religioso adepto a una creencia que no sea la propia. El de derecha y el de izquierda, aunque con los primeros es de esperarse y los segundos se las han arreglado para hacerse expertos en el tema. Todos ellos son sujetos y objetos de odio. Hasta los perros caen en el odio de los imbéciles, sin pudor, a la hora de matar cachorros. A mí simplemente me disgustan las moscas, los alacranes y todo aquello que tiene ponzoña.

En su *Retórica*, Aristóteles nombraba catorce pasiones de los hombres, el odio fue la primera.

Parto, como siempre, del hecho de que el mundo es un desastre. Apenas la razón y el arte nos salvan como especie. Con los sucesos de París —y no sólo me refiero al atentado contra *Charlie Hebdo*, sino también a las reacciones a favor y en contra de los dibujitos característicos la revista francesa—, las muestras de odio se han dejado venir como lluvia en verano. "¡Se lo merecían!", escuché decir a más de uno. "¡Es discurso de odio, hay que respetar la religión!", clamaban los que no se han dado cuenta de que el civismo implica respetar al individuo, es decir,

---

* Publicado originalmente en *Sin Embargo*, el 16 de enero de 2015.

al creyente, no a la creencia. Tampoco faltó el que con mucho tiempo libre elaboró una teoría de la conspiración sin pies ni cabeza, que mostraba cuánto odio trae encima y qué lee en sus ratos de ocio.

Se tiende a simplificar las cosas, reduciéndolas a consecuencia de la ignorancia y el temor: "se odia lo que no se conoce porque da miedo". Si fuera tan fácil, yo tendría que odiar al pájaro dodo que desapareció en el XVIII. Al parecer su pico podía intimidar más que un cascanueces con la forma de un líder fascista. Siguiendo por el mismo camino, también debería odiar al cazador culpable de su extinción —aunque en realidad sólo lo desprecie—. No, si el odio fuera tan sencillo, también lo sería contenerlo.

El odio parece virus, se esparce. A veces, se disfraza de inteligencia. Es el último recurso del pensamiento, en su origen intenta ser racional. Hay tres tipos de odio: el que posee una justificación histórica, como el de Napoleón a los ingleses en Waterloo, o el de la víctima al victimario de un crimen horrendo. Es la evolución instintiva de la ira. También está el odio que busca la justificación histórica, por ejemplo, el de Stalin hacia los que no eran rojos, o el de los extremistas de cualquier religión como el de los islamistas, evidentemente. Se trata de un vehículo bastante idiota para cometer barbaridad y media; pasa por encima de lo que tenga enfrente con tal de lograr un objetivo: que el otro desaparezca o se transforme en igual. El tercer tipo de odio se presenta en lugares como los nuestros, donde somos ajenos a posturas tan peligrosas y, si llegamos a tenerlas, nos sentimos limitados por barreras como el derecho, la cobardía o la exacerbación de lo correcto, que en ocasiones no resulta tan malo, sobre todo si esta prudencia se refleja en las acciones tontas y no en el lenguaje —detesto la corrección política en el lenguaje.

El odio sin objetivo deja de ser acción para transformarse en sujeto; el odio que sí tiene objetivo lo pierde fácilmente. El que odia no es un tipo que vive su vida tranquilamente y de repente tiene un brote de pasión. Se hace odio, se llena de él. Su lenguaje será el odio. Los culpables terminarán siendo los norteamericanos por imperialistas —porque se odia el imperialismo—. Serán los políticos, a quienes sin excepción se tildará de ladrones o corruptos sin principios. Serán los judíos. Serán los árabes; barbones y terroristas. Las facciones se identifican con adjetivos denigrantes: bigotón, pelón, gordo, flaco, narizón.

El odio es una enfermedad, sobrevive al objeto de odio y se vuelve posición irreconciliable. No se puede negociar con él. Es nuestra gran vía de autodestrucción y da lugar al extremismo. Con el odio determinamos identidades a partir de la negación del contrario. Aquí las religiones hacen su festín.

La palabra blasfemia señala la injuria que se comente contra lo que se considera sagrado. Es la calificación negativa al pensamiento contrario. Donde se adopta el concepto de blasfemia, se adopta el odio como pretexto para castigar; por eso los integristas, partidarios de la intangibilidad de las doctrinas, son tan susceptibles a padecerlo. El que pretende poseer la verdad absoluta no encontrará espacio de negociación con el otro, entonces tendrá que reducirlo a la categoría de opuesto. El integrísimo sólo encuentra dos salidas: la sumisión o el odio. Por eso es imposible tolerarlo en una sociedad donde nos hemos ganado el derecho a no ser tan bestias.

El odio encarna todo lo negativo. Por ello, la risa se convierte en una válvula de escape que impide la manifestación pura de tan destructiva pasión humana. La risa lo debilita. El humor como el de *Charlie Hebdo* o el de cualquier caricaturista en el planeta, depende de los tiempos y las sociedades, y no tiene por qué ser entendido igual en todos lados. Su falta de respeto se ampara en el derecho a disentir. República, libertad y laicidad, desde la razón, no son conceptos negativos ni interpretables. Se defienden por ser objeto de negociación. Lo contrario a lo que produce el odio mismo.

EL MIEDO*

De Ferguson a Donetsk, pasando por Gaza, Tel Aviv y Nigeria, dando un vistazo por la historia de Europa y el resto del mundo, el mayor triunfo de todos los tiempos no lo ostenta la justicia, la equidad y mucho menos la razón. El ganador de la civilización es el miedo. Su éxito y perseverancia ha dependido de una serie de condiciones que comparten territorios: el odio y la violencia. Cercanos de la ignorancia y de lo más primitivo de nosotros mismos. Al final, no somos tan desarrollados como quisiéramos. El miedo provocado por el odio, exteriorizado en la violencia, ha sido el motor del mundo.

Cuando hemos pensado lo contrario, ciertos eventos terminaron por refrescarnos la memoria. Por ejemplo, cuando cayeron los primeros bombardeos alemanes de 1940 sobre Londres, la gente los minimizó al compararlos con los desastres que las islas británicas habían experimentado años antes, durante la Gran Guerra. Creían haber visto lo peor, nada podría superarlo, decían. Al conocer el desastre, éste ya no cuenta con la incertidumbre que atemoriza. Imaginaron dominado al miedo. Unas 700,000 personas murieron entre 1914 y 1918; los 20,000 muertos que dejaron cincuenta y siete noches consecutivas de alarmas antiaéreas no eran nada frente al rango

---

* Publicado originalmente en *Sin Embargo*, el 29 de agosto de 2014.

de violencia que había asimilado la población. El sentir cambió rápido, los sonidos de alerta no resonaban tanto como los escalofríos de pánico.

Orwell escribió ese otoño: "Contrariamente a lo que suele creerse, el pasado no estuvo más lleno de acontecimientos que el presente". Pasó poco tiempo de tranquilidad antes de que los ingleses se dieran cuenta de las dimensiones de la nueva tragedia que estaba mermando su supervivencia.

El autor de *Rebelión en la granja* no era ningún optimista, pero por más detestable que sea el mundo en el que vivimos hoy, éste es un mejor lugar que el registrado en el recuento de nuestra propia historia.

Efectivamente, si pensamos en los ataques mongoles a Medio Oriente durante las conquista de los Khan, sentiremos cierto alivio al comparar las formas de violencia actuales con la escena del gran mongol esperando a sus lugartenientes mientras estos le cortaban las cabezas a sus enemigos en el centro de Damasco o Bagdad, para levantar con ellas un montículo donde se pudiera colocar la silla desde la que daría su discurso de invasor triunfante. En fechas más próximas, los desórdenes en Ferguson distan de la violencia atestiguada por mi generación en Los Ángeles, durante los disturbios de 1992, cuando la brutalidad de la policía fue muy superior a la de las últimas semanas. Ambos episodios resultan insignificantes frente a las represiones en Birmingham, en los momentos más álgidos del Movimiento por los Derechos Civiles en Estados Unidos.

Si hoy tomamos la reflexión de Orwell y un pesimismo en espera de mejores momentos, nos daremos cuenta de que llevábamos tiempo sin incluir en la primera plana de los periódicos noticias sobre Israel, Palestina, Siria, Nigeria, Irak, Donetsk, Lugansk y ciertas zonas de nuestro país que convergen en el miedo. No estamos avanzando mucho y debido al miedo nos encontramos en un momento histórico no menos lleno de atrocidades que antes.

Pocas cosas son más democráticas que el miedo. Ha logrado preservarse desde los tiempos más antiguos y ser inmune a los avances tecnológicos, científicos y humanos de nuestra especie. El miedo más puro proviene de la violencia y, así como ésta tiene jerarquías, también las posee el miedo. Como he dicho en otras ocasiones, no hay que caer en la irresponsabilidad de comparar masacres realizadas con bombas de barril arrojadas sobre un grupo indefenso, con la también bestial ráfaga de metralla sobre una fiesta infantil. Hay de violencias a violencias. El miedo comparte esa estratificación jerárquica que homologa tanto a las víctimas como la empatía de terceros escandalizados por la barbarie. No es lo mismo temerle al policía de la esquina que al vecino psicópata que colecciona armas. Hay de miedos a miedos, pero parece que constantemente nuestra civilización se detiene a considerar que la única solución sería regresar todos a los árboles.

El policía que dispara a un hombre desarmado tenía miedo, posiblemente por odio e ignorancia. El que cayó muerto se enfrentó al temor. El niño palestino tiene miedo. También el israelí que se refugia bajo los brazos de su padre en Tel Aviv, cuando Hamás dispara misiles. Las víctimas de Boko Haram no son ajenas al pavor. El migrante que cruza el Rio Grande, observado por *rangers* armados, siente miedo. El violento que lo centra en su mirilla es parecido a la víctima. El chico acosado en la escuela. El acosador. La lista es larga…

Los miedos de cada grupo e individuo encuentran justificación en sus respectivas narrativas. Por ello, existe una única manera de convivir con la pluralidad de miedos en el mundo y ésta es respetar la única norma absoluta de los humanos: no matarnos entre nosotros.

Los miedos no dejarán de existir, pues en ellos descansa lo más básico de nuestro comportamiento. El diálogo impone la obligación de llegar al acuerdo máximo: sin tener que caernos bien, mucho menos gustarnos y ni siquiera aceptarnos, como indica lo políticamente correcto.

La conciencia del otro es elemental. Está ahí y no puedo hacer nada para evitarlo, pues incluso si lo elimino, vendrá uno más que cumplirá ese papel de otro. Los griegos antiguos hablaron mucho de esto; gracias a la otredad fundamentamos la literatura y la religión, la filosofía y la política, cada una emparentada con la anterior.

La respuesta al conflicto entre Hamás e Israel, entre blancos y no blancos, entre creyentes y no creyentes, entre acosador y acosado, está en el reconocimiento del otro: "existes y si no me gusta, me las arreglo simplemente para pasar delante de ti, sin hacernos daño".

Tendremos diálogos de paz en Medio Oriente, acuerdos políticos en Missouri, reglas antidiscriminación, convenios educativos que intenten eliminar prácticas violentas en las escuelas, pero el miedo seguirá ahí mientras no entendamos nuestra propia coexistencia.

¿POR QUÉ SIRIA?

*H*ablar de Siria es hablar de la Historia.

Desde los tiempos del profeta, su posesión determina las posibilidades de control regional. Con ella, el califa Osman supo que haría del islam un imperio.

Por sus tierras pasaron todas las culturas de la antigüedad. Hicieron ciudades y civilización.

En su desierto reinó una mujer, Zenobia, tan poderosa que se independizó de Roma y cobró impuestos a los comerciantes que atravesaban Palmira. Su oasis era posta obligada en la ruta de la seda.

Siria fue el triunfo de Alejandro Magno. También de los conquistadores mongoles que hicieron una montaña con las cabezas de sus enemigos en el centro de Damasco. Era la única forma de probar que estaban dominando.

Siria es la gloria y la pesadilla de las cruzadas.

Es la salida al Mediterráneo. La frontera de Turquía, de Irak, de Líbano, de Jordania, de la antigua Palestina y el moderno Israel.

Siria es el punto de encuentro en Medio Oriente.

Es ejemplo de autoritarismo, de violencia, de armas. De estabilidad a costa de la libertad.

Era un lugar secular. Un país pobre entre los más conflictivos del planeta. No tiene grandes reservas de petróleo y apenas un poco de gas. En Siria se cultivaba tabaco, pero ya nadie fuma.

Siria es un remanente del poder soviético. Es una base naval rusa. Es zona influencia para la región.

Es la tragedia de las Primaveras árabes; de años de guerra civil Siria ya no es siquiera un país. Siria ya no existe.

VARIABLES Y CONSTANTES

El golpe de Estado sirio de 1961, que disolvió la unión entre Siria y Egipto, fue el tercero que encabezaron los militares en el país desde su independencia en 1946. Salvo el primero de 1949, todos enarbolaron de alguna forma los ideales del panarabismo, que había ganado popularidad desde 1947, con la fundación del Partido Ba'ath. Entrada la década de los cincuenta, la organización ya era la segunda fuerza política en Siria.

Con filiales en algunos países de la zona, como Jordania y Yemen, sólo las sedes de Irak y Siria lograron permanecer y superar los debates internos sobre asuntos locales y regionales, así como la constitución de órganos procampesinos o protrabajadores, similares a los que se encontraban en los países de influencia soviética. En los órganos centrales del partido en Siria, las discusiones aumentaban las fricciones entre las dirigencias militares y civiles, hasta que, en 1963, el Comité Militar del partido sirio, inspirándose en acciones del organismo hermano en Irak, ejecutó otro golpe de Estado, que dio inicio al mandato baaathista que se ha mantenido por más de medio siglo.

Durante tres años se incrementaron las tensiones entre el bando que defendía los valores del nasserismo y el que buscaba consolidar la fuerza regional al interior de los países. A las disputas se añadieron factores culturales y religiosos: las cúpulas del partido Ba'ath sirio estaban formadas por musulmanes chiitas, sobre todo alawitas, mientras que el panarabismo era defendido por la mayoría sunita del país. El 1966, los órganos militares volvieron a operar en un nuevo golpe de Estado en Damasco. A partir de este momento, los partidos Ba'ath de Siria e Irak se dividieron definitivamente.

En 1971, el comandante de las Fuerzas Aéreas Sirias, Hafez al-Assad, encabezó un último golpe de Estado —ya había participado en los dos anteriores— y llevó al poder a la minoría alawita del país, a pesar de no superar el quince por ciento de la población. ¿Cómo? Con el apoyo popular que mencioné atrás; pero más importante, mucho más, con una gigantesca red de corrupción que hizo que comerciantes, empresarios, vendedores y todo aquel que tuviera o quisiera tener un poco de dinero en sus manos fuera favorecido por el régimen, aunque no lo reconociera.

La corrupción del régimen de Hafez al-Assad se institucionalizó en una forma de Estado. Para poder ejercer un control absoluto, como en otros países, se desarrolló un sistema de policía secreta plenipotenciaria: el Mukhabarat. Los mukhabartat no son agentes al estilo de la MI5 británica o al FBI de Estados Unidos. Tal vez su referente más inmediato esté en la Shin Bet israelí, pero ambas están inspiradas en los esquemas colaboracionistas de las grandes potencias de la Guerra Fría.

Un mukhabarat puede ser cualquiera, un bachiller, un ama de casa, un vendedor de periódicos, un dentista. Recuerdo que muy poco antes de los levantamientos que derivaron en la guerra civil, se decía que tres de cada diez personas eran mukhabarat. Se trataba de informantes reclutados por las autoridades militares, que tenían la obligación de reportar a sus superiores toda acción peligrosa para el gobierno. Basta imaginar una reunión familiar de domingo o una parranda de estudiantes. La tercera parte de los asistentes de un grupo no muy grande recibía un salario, un radio y a veces un arma, para reportar lo que escuchaba o veía. Este escenario es perfecto para una cacería de brujas. ¿Quién dice qué cosa es peligrosa? Entonces a un mukhabarat se le asignaba la misión de espiar a otro mukhabarat. Porque todo puede ser peligroso.

Los mukhabarat llegaron a controlar la inmensa mayoría de las actividades del comercio y el empleo, mientras que las grandes empresas paraestatales se encontraban en manos de los más cercanos a la familia en el poder.

Quizá la característica esencial de la humanidad es la conciencia del fin. Hafez al-Assad preparó a su hijo mayor para que le sucediera. Bassil al-Assad era un arquetipo de belleza árabe. Preparado, bueno en los deportes y en las humanidades, jefe de los equipos olímpicos y Comandante de la Guardia Republicana —una especie de Estado Mayor, para ponerlo en términos Occidentales—, tenía que esperar la muerte de su padre para ocupar su puesto. En 1994, en la carretera que conduce al aeropuerto de Damasco, Bassil murió de la forma más idiota, en un accidente de auto. Ese día, como escribí en *Casa Damasco*, cambió parte del destino de Medio Oriente.

Casi de inmediato, Hafez al-Assad llamó a su siguiente hijo, un médico que había decidido alejarse de los quehaceres familiares, para que regresara de Londres. Bashar al-Assad tuvo que aprender en seis años lo que a su hermano le tomó una vida y en 2000 tomó el puesto que dejó su padre. Los siguientes dos años en Siria fueron de una euforia posiblemente inaudita, al menos no conocida por los jóvenes. Por esas fechas, permanecí en el país una temporada larga y era evidente el sentimiento de liberación que se respiraba en el aire. Bashar trajo cierta apertura a servicios de telecomunicaciones, internet, televisión vía satélite, telefonía móvil, etcétera. Todos, sin embargo, controlados por el Estado, por su familia, con la censura del Mukhabarat, que se adaptaba a las nuevas tecnologías.

Y la corrupción, en lugar de mermar, se expandió por más empresas y terrenos. El país, como todos los regímenes totalitarios, contaba con un buen porcentaje de matriculación académica, pero sin posibilidades de empleo. Taxistas doctores, limpiabotas cirujanos, académicos vendedores de gasolina. Todos repartiendo sus respectivas cuotas al Mukhabarat. En 2011, con la efervescencia de las Primaveras árabes, los jóvenes salieron a la calle a pedir mejores condiciones y la respuesta de la dictadura fue la mayor represión que la humanidad ha visto en el siglo XXI.

En un principio, nadie pedía la caída del régimen. Poco a poco, ésta fue convirtiéndose en una exigencia natural y, de la misma forma, la violencia de la represión fue aumentando. Durante tres años la violencia oficial estuvo comandada por la Cuarta Brigada, una división militar a cargo del hermano menor de Bashar, Maher, un militar de carrera que, en algunas cuestiones es el que más se podría parecer al hermano muerto, pero a diferencia de aquél, es conocido por su inestabilidad emocional y facilidad para tirar del gatillo. Conforme pasaron los años, lo que parecía un conflicto local fue tomando tintes regionales, primero, y luego alcanzó la dimensión internacional que caracteriza el país. Los aliados históricos del Gobierno sirio fueron involucrándose cada vez más, así como lo enemigos.

La ingobernabilidad que siguió al cuarto año de guerra civil abrió las puertas a la incorporación de actores no estatales en la disputa, como el Frente al-Nusra, filial de al-Qaeda, y de éste emanó lo que Occidente conoce como el Estado Islámico.

En los siguientes capítulos trataré de dibujar los escenarios de la vida en medio de la guerra, así como sus imposibles soluciones. Sin embargo, hay un ejercicio que a lo largo de muchas conferencias he encontrado ilustrativo para representar lo que significa el conflicto sirio y su relevancia en el mundo entero:

Por un lado se encuentra la dictadura de Bashar al-Assad, que cuenta con el apoyo de Rusia, Irán y el Hezbollah. Sus enemigos son los grupos rebeldes que se levantaron en contra, además de los gobiernos de Estados Unidos, Europa, Arabia Saudita, Qatar, Turquía, la población kurda, y eso que se hace llamar el Estado Islámico.

Turquía, por su parte, se ha visto obligada a proteger sus fronteras no sólo de la ola de refugiados a los que ya no puede contener, sino también de las fuerzas que operan en su territorio. Cuenta con el apoyo de Estados Unidos y Europa, mientras tiene en contra al gobierno de Damasco, al Estado Islámico y a la población kurda.

Arabia Saudita fue durante un tiempo el principal proveedor de los grupos contrarios al gobierno de Damasco, financiando al Estado Islámico y a los grupos enemigos de Irán. Esta dinámica seguirá siendo un factor decisivo en Medio Oriente para el acuerdo de paz que toca a la década en curso, no por una disputa religiosa entre chiitas y sunitas, sino por la preponderancia regional.

La gran superpotencia en este tablero es Rusia, que defiende su zona de influencia en la región desde la base militar en la costa siria, la cual fue incrementando su importancia tras el fin de la Guerra Fría, cuando Moscú perdió su principal salida marítima con la independencia de Ucrania. A su vez, en muchos aspectos va de la mano con Irán. Junto a una coalición internacional, Rusia combate al Estado Islámico que pelea con varios de los rivales indirectos de Moscú, o de su zona de influencia, como Israel.

En medio de esto siguen estando los rebeldes contrarios a la dictadura de Bashar al-Assad, quienes no cuentan con muchas simpatías auténticas, pero sí, con la rivalidad del Estado Islámico, el gobierno de Damasco, Arabia Saudita, Irán, Rusia, Turquía y el Hezbollah. Este último apoya la dictadura de Assad con recursos de Irán y combate —además de a las fuerzas rebeldes— a Israel, al Estado Islámico y a Arabia Saudita.

ANTES DE LA GUERRA[*]

Se cumplen cuatro años de los primeros levantamientos que derivaron en la guerra civil siria y obligaron al mundo a prestarle atención a esa realidad, un tanto lejana, provocada por más de cuatro décadas de dictadura. Si bien lo externo y extraño entra en nuestra casa sólo cuando se transforma en tragedia, buscaré en la memoria momentos e imágenes para hablar de un lugar que hoy se ha acabado y nos precedió a todos. Esa tierra, hoy, dista mucho del lugar donde se crió mi madre y yo comía con mi abuela, ese país que fotografié hasta el cansancio durante mi adolescencia, en el que conocí a una mujer alawita, de las más hermosas que he visto entre todas las que ocupan mis recuerdos. He recorrido Siria de esquina a esquina, me he perdido entre sus calles y mercados, allá pasé Navidades con la comunidad griega ortodoxa, cenando en una iglesia hoy en pedazos, cerca de la tumba que contenía el cuerpo de mi bisabuelo. Después de cuatro años, recordaré cómo era ese país antes de la guerra. Ahí todavía hay gente buena.

No me pondré el disfraz de arqueólogo; diré apenas que en esas latitudes inició nuestra civilización. Llaman Ebla al asentamiento más antiguo que encontré, un pueblo pequeño al noreste, no muy lejos de Turquía. Cuando lo visité, tuve que

---

[*] Publicado originalmente en la revista *Nexos*, marzo de 2015.

preguntarle a una mujer vestida con bellísimas telas, bordadas a mano con hilo de oro, dónde estaban las ruinas. Unos ladrillos en el suelo, viejos como cinco mil años, marcaban el origen de los tiempos.

Entre muchos, cinco sitios merecen ser destacados en estas líneas. Son los lugares que marcan el territorio como los puntos cardinales hacen con la rosa de los vientos. Damasco al centro, Alepo al norte, Krak des Chevaliers al este, Palmira al oeste y Bosra al sur.

Por Siria pasaron los griegos con Alejandro Magno; poco quedó de ellos y su sucesor, Nicator I, fue gobernador de Alepo, donde recibieron a mi familia cuando fue exiliada de Antioquia por los otomanos en 1917. Alepo comenzó a erigirse a mediados del tercer milenio antes la Era Común, y no hubo en la zona lugar más importante tras la época de Bizancio. Sobre una colina, en su centro, se deja ver la ciudad fortificada. Llegué a su cima por la escalinata del puente de piedra que se tendía sobre el foso del castillo. La nostalgia se desvanece cuando veo las fotos que tengo; el invierno pasado, una bomba derribó sus pretiles.

Una gran carretera aún recorre el territorio de arriba a abajo, con retenes milicianos de cuantos bandos puedan existir. Por ella manejé un auto cuyas llantas estallaron debido a la temperatura de cerca de cincuenta grados. Una tribu de beduinos prestos al auxilio me invitó a comer tantos platillos como enorme era su hospitalidad. Hablaban su dialecto, pero sabían leer árabe clásico. Con la ayuda de un diccionario bilingüe les conté, eligiendo palabra por palabra entre las páginas, qué era México. Después me indicaron cómo llegar al Krak. El antiguo alcázar cruzado del siglo XII, el más fantástico del mundo según Lawrence de Arabia. Omar Sharif pudo ver en sus torres la silueta de Peter O'Toole encarnado al capitán T. E.

En el mercado negro compré dos monedas, una tenía el rostro de Ulpia Augusta, quien las acuñó en el 274 tras la muerte de su marido, antes de la elección de Marco Claudio. Aún las conservo y sonrío al recordar al comerciante que me las vendió en Palmira, centro romano que, bajo la reina Zenobia, se sublevó al poder del emperador Aureliano, quien recuperaría su control en el siglo III. En la otra moneda, la cara de Zenobia y su escudo se han desvanecido por las manos que las tocaron. Debieron ser muchas. Palmira nos exige imaginar cuántas historias han pasado sobre su arena de desierto, entre los árboles de dátiles que, en árabe, le dan el nombre de Tadmor. No fueron las columnas de aquel oasis las que se imprimieron en mi memoria, tampoco el inmenso Templo de Bel, construido en honor al dios semita en el año 32. Fueron las tumbas romanas de varios pisos, edificios dedicados a la muerte, que hoy sirven para esconder municiones, buscar refugio de los fundamentalistas, escaparse de los militares que rodean las ruinas y acechan desde el cuartel que se mantiene a pocos metros. Entre el humo con olor a pólvora, se atestigua la más alta historia; pocos lugares permiten ese recorrido que se acostumbra ver en los libros.

Muy al sur se encuentra Bosra, la capital de Trajano en tiempos de la Provincia Romana de Arabia. En los papiros, su primera mención data del XIV antes de nuestra era. Ahí, Mahoma conoció el monoteísmo. Un poste de esos que anuncian direcciones señala en un enjambre de letreros las rutas a Jordania, a Jerusalén, a Beirut y Bagdad. La flecha más grande dirige a Damasco.

Mi casa, en la capital de Siria, ya no existe. El departamento de mi abuela tiene las esquirlas de los primeros días del conflicto que inició en 2011. Supongo que la puerta está rota, los baúles vacíos y los cuadros en el piso. El teléfono de baquelita ya no funcionaba en mi última visita, pero servía de adorno. La cocina era de esas viejas, hechas durante la colonia francesa para que las familias fueran alimentadas por la servidumbre, a la que ninguna norma de corrección impedía llamar así. Una anécdota familiar revive a la joven drusa que se contrató para los trabajos de limpieza: una noche de póquer, en la que los abuelos habían invitado a una veintena de personas, ella vio desde una covacha cómo los presentes intercambiaban fichas de colores, gritaban de júbilo al ganarlas, palidecían al perderlas. A la mañana siguiente, la joven desapareció con el arcón que contenía los símbolos de victoria. Luego mi madre se enteró de que la encontraron en una tienda, intentando cambiar las fichas por ropas caras. La drusa había pensado que en esos plásticos tenía una fortuna.

En el viejo Damasco, la muralla medieval delimita el *souk* donde se vendían especias, oro, alfombras y telas. Los comercios están vacíos, las cortinas desgarradas por la rapiña. Varios centenares de metros del mercado terminan en lo que queda del templo a Poseidón, unos pasos antes de la gran mezquita Umayyad. Sus minaretes tienen estrellas de David, han sido iglesia y hoy pocos rezan. Los testigos de cuantos se hincaron ahí se esfuman entre los militares de la Cuarta Brigada que patrullan de día y de noche, entre los *muhabarat* que ya no intentan parecer policía secreta y ven con sospecha a quien pasa —y si éste les responde con una mirada equívoca, puede que nunca vuelva a pasar por ningún lado.

El *muhabarat* que semana tras semana me llevaba cigarros de contrabando, hoy me busca para decirme que sigue vivo. Además de él, ya no queda nadie más de las personas que conocí en Siria; algunos han muerto, otros sobreviven en los campos de refugio. Cuatro años se cuentan con una mano; más de doscientas mil muertes, no. Trece millones han huido de sus casas, arriba de tres millones salieron del país, ocho millones deambulan por las construcciones que todavía dan techo. Se esconden de los francotiradores, de las bombas de los Assad, Bashar y su hermano Maher, que sigue siendo quien me da más miedo. La gente teme a los islamistas al punto de preguntarse si salir a la calle valió la pena. Sus hijos más pequeños jamás conocerán la Siria que yo recuerdo.

La mayor tragedia está en ellos, no en los sitios arqueológicos, no en la historia de miles de años, no en la gente que la brutalidad humana desapareció. La crisis siria está en los refugiados y desplazados que hoy piden asilo en todo el planeta, en la generación entera que perdió su educación. En los que desde el primer lunes de enero necesitan visa para cruzar a Líbano, que, como el resto de los países, por más que dice ayudar, se hace de la vista gorda. El Programa Mundial de Alimentos tuvo recursos para que la gente afrontara el frío, pero después de enero, los apoyos han quedado disminuidos. Falta mucho para que la guerra termine en Siria.

ELECCIONES SIRIAS*

Una de las grandes culpas que cargará Occidente es haber convencido a buena parte del mundo de que la solución a todos los problemas se encuentra en la democracia; otra será no dejar claro en qué consiste la democracia y permitir que se resuma, para muchos, en el mero acto de votar.

A lo largo de los últimos tres años, he insistido en las grandes diferencias entre la violencia en Siria y México. Sin embargo, existe un punto en la memoria mexicana, más que en los mismos hechos actuales, que permite entender el escenario donde se desarrollan las elecciones sirias de este tres de junio. Pero tengo que insistir: ni siquiera nuestra experiencia electoral nos asemeja del todo a Siria. Al iniciar las Primaveras árabes, mencioné el peligro de la occidentalización de Oriente Medio: que nuestro principal logro a la izquierda del Mediterráneo —la democracia mal entendida— se impusiera como solución mágica y definitiva. Elecciones no son democracia, ésta es mucho más compleja. Sin embargo, convocando a un referéndum, los países se atavían con el disfraz de una sociedad y un Estado responsables.

Entrando al cuarto año de guerra civil en Siria, podemos contar más de 160,000 muertos, nueve millones de desplazados

---

*Publicado originalemente en *Sin Embargo*, el 3 de junio de 2014.

y refugiados —hablando de un país de veintitrés millones, es una cifra altísima—. En medio de todo esto, la dictadura de los Assad decide que es momento de sufragios, a pesar de tener a casi la mitad de la población imposibilitada para participar. Las elecciones no servirán de nada, y además representan un enorme riesgo en el conflicto. La trampa es espantosa: Assad va a ganar limpiamente.

La democracia es un ejercicio de diálogo; para entablarlo, las partes involucradas deben estar interesadas no sólo en llegar a un acuerdo, en primer lugar es necesaria su presencia. La principal fuerza de oposición siria se encuentra fuera de sus fronteras: los exiliados. La oposición tolerada goza de este privilegio debido a su cercanía con el régimen —de lo contrario, la tolerancia sería inexistente; nos encontramos frente a una bestial dictadura con más de cuarenta años en el poder—. De veinticuatro candidatos que se postularon, sólo dos fueron admitidos. El órgano encargado de este dictamen fue un congreso que aplaude y se pone a los pies del régimen. Para poder participar era necesario cumplir con ciertos requisitos, primero ser musulmán. Esto dejó fuera a más de 10 por ciento de la población. Segundo, haber vivido en Siria los últimos diez años, con lo cual se excluía cómodamente a la oposición en suelo extranjero, ésa que se reunió hace poco en Ginebra. Luego, contar con el apoyo de por lo menos treinta y cinco de los doscientos cincuenta miembros del parlamento.

Siria tiene tres candidatos a la presidencia, que contenderán por un mandato de siete años. De los dos primeros hay poco para decir, son Maher Abdul-Hafiz y Hassan bin Abdullah; ninguno cuenta con representación popular ni se ha ocupado de plantear una propuesta de gobierno, saben que no es necesaria. La tercera opción es bastante obvia: Bashar al-Assad, quien irá por un tercer período.

En Líbano se han abierto ya las casillas. El país vecino cuenta con un gran número de sirios refugiados y otros que viven ahí desde los tiempos de la ocupación por parte de Damasco. El escenario es un simulacro para las elecciones mayores; sólo los previamente registrados pueden acudir. ¿Dónde se registran? En la embajada, es decir, con el régimen. Usan su pasaporte para poder empadronarse; debe tratarse de un documento vigente y su portador no puede ser un perseguido por insurrección. Es gigantesco el número de exiliados que salieron del país en estos años y que han perdido sus papeles; a otros se les ha vencido el pasaporte y su condición migratoria les impide renovarlo sin ser arrestados. Son los sin país, perdieron su nación por desafiar a sus gobernantes. Pocos votantes para nutrir un espectro de democracia. Queda claro que ninguno de los oponentes que se baten en las trincheras acudirá tranquilamente. Tampoco aquellos que viven en casas de campaña en un campo de refugio tras la destrucción de sus hogares y el asesinato del algún familiar.

Desde el inicio del conflicto, se ha tomado una bandera como símbolo de la insurrección. El estandarte oficial del Estado tiene franjas de tres colores, negra, blanca y roja. La bandera de la oposición sustituye el rojo por verde, los colores existentes antes del golpe de Estado de Hafez al-Assad en la década de los setenta. Cada funcionario encargado de recibir los votos trae una gorra en la cabeza, será fácil adivinar su decorado.

Recuerdo la primera elección del actual presidente, las opciones eran Bashar o Bashar, en las boletas uno debía escribir: sí o no. Para el segundo período, en 2007, ganó con un 97.6 por ciento. 2.2 puntos fueron considerados votos inválidos. Esta semana, el resultado será el mismo, aunque puede cambiar el porcentaje. Las elecciones arrojarán datos interesantes, recordemos que la mitad del país no puede votar al estar fuera de sus lugares de origen y los espacios de votación sólo se encontrarán en las zonas controladas por la dictadura. Pero en los esquemas de la democracia electoral, lo que cuenta es la mayoría de los votos registrados en casilla; así que si sólo hubiera tres votantes y por Bashar votaran dos, ganaría con un 66.3 por ciento.

Según las reglas, el resultado es legítimo y ahí se encuentra el gran peligro. En un país donde las elecciones cuentan tradicionalmente con una baja asistencia y donde por primera vez se medirán tres candidatos, no adversarios, la figura de la democracia occidental servirá de poca cosa.

Sin diálogo, un sufragio es inútil. Aquí sí podemos encontrar ciertas similitudes con el espíritu de la democracia mexicana.

La campaña electoral ha sido breve, todos saben que, sin importar los esfuerzos, las cosas apuntarán a una sola dirección. En las calles de las ciudades y los poblados bajo dominio de los militares del Estado, se ven carteles con el rostro del dictador, no necesariamente recién impresos. La cultura de adoración al líder heredada de los soviéticos tapizó desde siempre las avenidas. Y no olvidemos que cuando la violencia llega a estos límites, no hay más inocentes que los niños. Las fuerzas rebeldes —son muchas y distintas— han sido casi tan bestias como el Gobierno. Hace unos días, un atentado frente a una oficina de Estado acabó con la vida de unos cuantos. Antes, uno de los candidatos rechazados fue secuestrado. En estas condiciones podríamos pensar que las elecciones significarán poco, pero no. Trágicamente permitirán la prolongación del conflicto.

Con el rechazo de rusos y chinos a cualquier opción responsable en el Consejo de Seguridad de Naciones Unidas, aunado a la nueva política norteamericana de no ocuparse más que de lo propio e inmediato —no les queda de otra, están quebrados—, una elección, aunque sea descalificada internacionalmente, le dará legitimidad al régimen. Como con las armas químicas, y además habrán cumplido con el ritual democrático que en occidente consideramos la panacea. Bashar y sus aliados tendrán una nueva carta a su favor, dirán que la población está de su lado. Están comprando un tiempo fuera, en términos más deportivos que bélicos. Así pueden permanecer hasta que el marcador se agote.

El desarme de gas sarín le fue increíblemente útil al régimen, pues pudieron seguir masacrando con otras armas que, por verlas primitivas, juzgamos menos mortales. Sin embargo, van más de 160,000 muertos, decía. No será necesario que ellos también voten para garantizar un triunfo. Cualquier régimen totalitario, no sólo el sirio —aunque se distinga por animal—, es capaz de mantenerse sin una fuerte fuerza popular tras de sí. Ya sean los militares en su nómina, las milicias, los grupos paramilitares, el sistema de policía secreta, la no secreta y los partidarios, todos votarán e intimidarán a otros para que lo hagan a su conveniencia. Frente a la embajada siria en Beirut se ven a varios de estos grupos oficialistas besando la foto de Bashar, gritándole a quienes se reúnen para protestar: "Si eres sirio, votarás por Bashar, si no quédate en tu tienda". (De campaña, claro.) *Alahuakbar.*

En las calles de Damasco marchan manifestantes prorré-gimen. Son los únicos que pueden hacerlo sin miedo a los francotiradores y las bombas rusas e iraníes, compradas por el Gobierno y vendidas por los aliados, igualmente responsables de la matazón. Si la elección fuera transparente, Siria se enfrentaría a una reelección.

Distintos segmentos de la oposición llevan semanas haciendo un llamado a anular los votos, le llaman votar en blanco. También los mexicanos sabemos de esas cosas. Otros dicen que al hacer esto se estará legitimando un proceso que es una suerte de farsa. Da igual, abstenciones, boletas rayadas o no, Bashar va a ganar y su parlamento lo declarará presidente. Créanme. Los encargados de contar los votos son ellos mismos.

¿De qué país será presidente Bashar? De uno en ruinas, absolutamente en banca rota, con la mitad de la gente huyendo y un alto porcentaje en fosas comunes. Ése es el país Assad.

En uno de los Estados más viejos del mundo tampoco caben otras opciones. De haberse abierto las posibilidades a más candidatos, libres, no ligados al palacio presidencial, de todas formas las cosas iban a ser parecidas. No existe una respuesta clara para explicar quiénes son los rebeldes, están lo que en un inicio salieron a las calles, los familiares de los caídos, los hartos

de cuatro décadas de opresión. Pero también están las milicias islamistas ligadas a eso que se llama al-Qaeda, adoptando
una marca registrada —la de la añeja organización terrorista—
como símbolo de una lucha a la que no fueron invitados y de
la que no forman parte. Están los que desde Europa intentan
reconstruir un país inexistente. Si todos presentaran a su can-
didato, la mayoría de los votos también irían para Bashar, no
por ser el representante de la mayoría, porque la multitud,
ante la hecatombe, no tiene más remedio que irse con quien
ya sabe cómo los va a matar. La democracia en estas condiciones no juega, ni si quiera se parece a la remota democracia
inventada por los griegos, mucho menos a la del Occidente
contemporáneo.

Las elecciones son una caricatura que quiere y logrará darle
a Occidente un respiro ante una tragedia. Si bien hacia el exterior ningún país le da el menor reconocimiento —porque
no lo tiene—, al interior, Assad habrá ganado con su teatro.

Las dos conferencias de paz en Ginebra estipulaban un gobierno de transición como condición para lograr la recuperación del país. De nuevo, queremos ver con ojos occidentales
una realidad alejada. Con el resultado de esta semana, Bashar
anunciará la muerte del proceso de Ginebra, su triunfo le permitirá jugar con la ilusión no sólo de contar con la aclamación
popular, sino también con el respaldo que sus fuerzas requie-
ren para legitimar sus acciones y seguir con sus políticas. En
unos días veremos cómo el régimen afirma que con las elecciones se prueba que el problema es doméstico y que su solución recae en manos propias. Y el mundo entero negará con la
cabeza mientras la crisis humanitaria crece. Recordemos, esas
crisis nunca son locales. No estamos hablando de simple política internacional; tantos muertos deberían ser problema o al
menos preocupación de todos.

Sólo el cansancio obligará a las partes a poner fin a esto. La
democracia pareciera funcionar entre distintos algo iguales.
Para Medio Oriente, nuestra idea de este esquema de gobierno

tiene poco que ofrecer. En esa parte del mundo, no encuentro lugar para la democracia como la entendemos. Veamos el caso de Egipto; no están de lo más contentos.

El problema mayor es que la gente siga huyendo y muriendo, y ante esto no hay una solución clara. Luego de más de tres años y sin una capitulación por parte de los aliados de Assad o una intervención militar que detenga esto, seguiremos observando la carnicería. Meros soplos de tranquilidad, primero por el desarme de un arsenal químico, ahora con una votación ridícula, mañana con algún otro artefacto de simulación.

ADIÓS, DAMASCO*

En Siria no conocía el silencio. Prendí un cigarro sin darme cuenta de que en el cenicero ya descansaba otro encendido; alterné un trago de ginebra, respiré con ese extraño reflejo que permite exhalar sin antes inhalar y acaricié las orejas de Micaela. Sentada en el piso, lamió mi mano con esa empatía de cuatro patas. Parecía saber cuánto se resiste uno a confesar, volví la vista a la pantalla deseando no confirmar la frase que estaba escrita en inglés, con las limitaciones de un lenguaje que deja mucho a la interpretación: *your niece has been hit by a missile attack.*

A mi sobrina le había caído un misil encima.

Emigrada a Beirut con sus padres, regresaban cada tanto a Damasco. Era una ciudad fantástica, mientras tenga un muro de pie no es fácil decirle adiós.

Es difícil recibir ciertas noticias en texto, los segundos son lentos. Minutos que no avanzan en lo que tu contraparte responde. De haber sido una llamada, me habría anticipado alzando la voz, evitando la espera de las siguientes palabras que se tradujeron en el alivio del peor egoísmo. Ella está bien, una semana en el hospital y afuera, pero su amigo de catorce años murió en el momento. Caminaban juntos dándose la mano. Sería hipócrita no reconocer cierta alegría cuando descubres

---

* Publicado originalmente en *Sin Embargo*, el 22 de agosto de 2014.

que el muerto es de otro. Eso pasa con los humanos en la guerra, saca lo mejor y lo peor de nosotros.

He visto desaparecer a Siria a la distancia y hoy, dos semanas después de aquella noticia, la gente de Damasco me dice que todo esto no ha servido para nada. Viven en la vorágine, en el caos de un movimiento pacífico que se transformó en una revolución sin orden ni cabeza.

Sin embargo, en la esperanza se guarda la última moneda de una apuesta lejana. Por lo pronto, la ambigüedad del discurso me hace contraer el estómago cuando escucho lo ridículo: "el régimen es ahora el bueno". Quien me lo dice es honesto, alguien que, a manos del régimen, ha perdido amigos, casas, calles, lugares de memorias alegres y rutinas entrañables. El Estado Islámico —que de Estado no tiene nada; lo mismo que al-Nusra, al que llamaré solo Nusra— han hecho que personas antagónicas al régimen combatan ahora de su lado. La violencia de estos grupos es inaudita, sus actos entran en lo inefable, sólo descriptibles desde el lenguaje del morbo o el escándalo.

En la misma semana recibo otro mensaje, también escrito sin prisa; el tiempo se ha detenido en días que poco cambian. Es un viejo amigo, antiguo espía del gobierno.

—Queremos refugio, es inaguantable. No quiero que maten a mis hijos. —Ha visto morir de cerca, sabe de que son capaces los más capaces que él—.

Hasta hace unos meses, todos pensaban que tenían dominado el miedo. Amaestrado en salidas de emergencia, en la costumbre de observar lo alto de edificios para alejarse de francotiradores, en zonas seguras y barrios en ruinas sobre los que ya nadie suelta bombas. Ante el sonido de un proyectil en el aire cortándose antes de caer sobre un niño, los temores recobran fuerza. Ni el Daesh ni Nusra tienen aliados en las calles, masacran por igual con la mayor crueldad, se matan entre ellos.

—Sólo los apoya quienes se enriquecen con la guerra —dice el espía que además es pelirrojo y añora cuando en tiempos de paz lo veían raro y reían a sus espaldas.

—Ya nadie me pone apodos —escribe en un *arab-english* mal conjugado.

Otro cigarro, otro trago de ginebra. Corrijo: el discurso no es ambiguo; dos conversaciones dicen lo mismo.

—Sólo queremos vivir, queremos que esto acabe.

Eso no quiere decir que ahora estén con el régimen, jamás lo harán. Han llorado sangre por su culpa. Es mera supervivencia, de eso se trata el campo de batalla. El miedo es al régimen, con la Cuarta Brigada y el ejército regular, con el Mukhabarat, con sus milicias. Es al Daesh y a Nusra. Es a una serie interminable de conjunciones. Tememos a tal y a tal, y a… y también a… y además a…

Entiendo lo que me dice, todo esto no les ha servido para nada porque, al acercarse al cuarto año de guerra, el régimen sigue ocupando el palacio infranqueable, mientras el mundo combate a sus enemigos. Por momentos pareciera que éste era su juego y todos cayeron en él.

—La mirada puede ser de corto alcance —trato de decirle al espía, tecleando una especie de consuelo.

Los ataques de Estados Unidos en Irak repliegan al Daesh hacia Siria; ahí se cometen las peores atrocidades. En este momento es poco probable una intervención similar en territorio sirio —terminará por suceder más adelante—, pero a nadie le conviene que estos fundamentalistas se queden con Damasco. Aquí Obama no ha marcado una línea roja, pero existe. Si el Daesh llega más lejos, el absurdo de tener a los Assad, a la población, a norteamericanos, rusos e iraníes enfrentando al mismo enemigo alcanzará extremos surrealistas. Falta tiempo para que llegue ese momento, las opciones obligarán a un posible acuerdo, cuando quizá sea demasiado tarde. Washington no puede defender a Assad, pero tiene que eliminar a su principal enemigo, porque lo comparten. El combate al terrorismo es su única política de Estado y los yihadistas son considerados intolerables. Teherán hace entonces lo imposible junto con Moscú para sostener su zona de influencia y, en pos de acabar con la amenaza, abren la puerta para aquel gobierno de transición o relevo del que ya nadie se acuerda. Ésta es la última moneda de la que hablaba.

El antes espía me lee atento mientras propongo este futuro extremo. Escribe dos veces que me sigue, tratando de confirmar que la conexión no se ha cortado. Ahora es él quien guarda el silencio que perteneció a mi sobrina. Los segundos volvieron a ser largos. Afortunadamente escribe algo.

—Eso jamás pasará mientras los demócratas estén en la Casa Blanca —siento que reclama.

Pero los demócratas, posiblemente sin quererlo, se están distanciando en este tema. Los republicanos llegarán a las elecciones de 2016 con la agenda clara, pero están quebrados y su población rechaza las intervenciones. No es un buen argumento de campaña.

La guerra ya ha sido demasiado larga y su desenlace no está en las trincheras. Se acabará algún día, mientras tanto, la cosa continúa. La esperanza es política aunque ésta ni siquiera se ha asomado. Nadie permitirá que al final del camino se mantenga un Estado controlado por el Daesh, que puede volver a cambiar de nombre como lo hizo en estas semanas y, sea lo que sea en que se transforme, no tiene el apoyo social básico que requiere dentro y fuera de las fronteras. Qatar y otros que lo financian no son suficientes. Acabarán con cuantos puedan, dejarán cadáveres por todas partes, poblaciones enteras arrasadas, como bárbaros de la Edad Media, y el día que no haya más niños diciendo "adiós Damasco" su existencia será recordada como los salvajes que permitió el mundo. Su permanencia en el registro político es inviable, asesinos sin lugar en el futuro gobierno de un país del que poco quedaba y terminaron por destruir. Sus víctimas, como los miles que huyen caminando en el desierto y el periodista decapitado esta semana, serán parte de ese "todo esto para nada".

No seamos brutos[*]

Es imprescindible abandonar el discurso de la percepción y recuperar el de la razón. Así, me las he arreglado para sacar de prácticamente cualquier conversación que tengo la palabra *creo*. Todas las creencias son muy íntimas, no sólo las religiosas; están las ideológicas, las deportivas, las culinarias. Todo aspecto de la vida las permite. Con las creencias, cuando son privadas, no me puedo meter, porque son de cada quien. No así con las declaraciones.

Es peligroso hacer de los juicios una creencia dogmática. Internet abrió el mayor espacio para la extrapolación de éstas; aquí, todo el mundo cree en algo y lo que cree se transformará en un hecho. Cuando esa creencia dicta el comportamiento social deja de ser íntima, se mete con el otro. Entonces sí voy a discutir.

Yo sé o no sé, yo pienso o al menos lo intento. No siempre me sale bien.

No es lo mismo pensar que creer, tampoco imaginar. De las tres, sólo una depende de la razón.

Me crié en una casa de izquierda, hijo de migrantes, en un tiempo en el que las ideologías —transformadas en creencias— importaban demasiado. Entre los pocos recuerdos de mi

---

[*] Publicado originalmente en *Sin Embargo*, el 18 de julio de 2014.

niñez, ya que logré darle poca importancia a esa época, está la redacción del periódico *Oposición*, donde mi padre trabajaba. Páginas atrás mencioné a la OLP y que mi canción de la infancia era un himno egipcio, proveniente de los años en los que Siria y Egipto tuvieron la absurda idea de ser un solo país. En esos años me aprendí absolutamente todas las canciones de los republicanos de la Guerra Civil española. Pasé los primeros meses de mi vida en un hospital en Cuba, donde terminé por un problema de salud —no me interesaba comer—; gracias al Partido Comunista se me otorgaron los cuidados necesarios que hoy me permiten escribir esto.

Pero no creo en la izquierda, porque no creo. Sé o no sé y, por saber, también desprecio a la derecha. La historia me ha dado razones para hacer de esto una obligación moral. Pareciera un compromiso de cualquiera dedicado a ciertas labores como la mía, sentir simpatía por una corriente ideológica en particular. Pero al referirse a Medio Oriente, la izquierda que veo tiene por momentos muy poco de zurda.

Se me tildó de derecha cuando apoyé una intervención de Estados Unidos o la OTAN en Siria. Esta semana discutí con montones de interlocutores cuando, hablando de la crisis en Gaza, dijeron sin la menor responsabilidad: "los judíos, todos ellos". Al confrontarlos me convertí en un traidor de la causa, en alguien que no es de izquierda. Me llamaron "amante del imperio" y —el insulto que más me divirtió— "humanista de mierda".

Las generalizaciones dependen de las creencias, no del saber. Abusan de la escasez de lenguaje.

El nuestro es un país donde las calificaciones étnicas se transforman en despectivos; se usan al mismo tiempo que se rechazan. Podemos señalar a los judíos, los árabes, los gringos, pero como alguien se atreva a decir los mexicanos, ¡santa la madre patria de nuestros orgullos, que además es inmaculada! No se atrevan a insultarnos.

Conozco los atropellos de las generalizaciones. Durante mucho tiempo, cada que entraba a Estados Unidos, teniendo

nombre y apellido árabe, era invitado a pasar a un cuarto, sujeto a una revisión extenuante —más de lo normal, si es que
hay normalidad en ello—. Así descubrí cierta afición por los
atomizadores de partículas que buscaban en mi organismo
elementos explosivos. En Francia, he intercedido por mujeres musulmanas a quienes la policía exigía sus papeles por
usar niqāb.

Dentro de la condena internacional a los brutales ataques
entre Hamás e Israel —unos mucho más brutales que otros,
claro—, será difícil no detectar ciertos patrones en las opiniones, es decir las creencias, de muchos en redes sociales y medios de comunicación. Varios grupos de derecha, sin problema
y no sólo en México, continúan catalogando a los árabes como
terroristas. Otros, que se venden como liberales, afirman que
los judíos (amplio el término) festejan al impactar un misil en
Gaza. No seamos brutos.

Dentro del juicio ideológico, se ha llegado, sobre todo por
parte de algunos sectores de izquierda —lo que es trágico—, a
defender a Hussein, a Gadaffi, a Assad. Putin para muchos es
bueno, como Israel malo, el país completo con sus habitantes
—entre los que hay árabes, musulmanes y cristianos—.

Estas posturas son fáciles. No espero que la derecha aban-
done sus expresiones ideológicas y simplistas, pero la izquierda
que las adopta, si quiere ser congruente, debe dejarlas a un lado.

Este juicio ha estado lleno de tropiezos. En 1993 Israel tenía
un gobierno de derecha, la cosa se puso tensa. En 2000, se su-
frió una gran escalada de violencia con la izquierda en el poder
—ésa que debería estar más acostumbrada al diálogo—. Hoy,
la centro-derecha de Nentanyahu hace lo suyo. Hamás y la Jihad islámica tendrán la simpatía de algún zurdo, pero reciben
dinero de Qatar y ellos no son muy liberales que digamos. Izquierdas y derechas están fuera de la cuestión en estos asuntos;
si nuestro análisis se basa en las creencias, poco entenderemos
las posibilidades de negociación, menos qué hacer cuando lle-
guen los efímeros instantes de paz.

La postura más tonta que he leído hacía un recuento de las pérdidas a ambos lados del conflicto: el marcador decía doscientos y tantos palestinos contra un israelí muerto. El margen es grande. La indignación ideológica crece.

Criticar a Hamás, como lo he hecho siempre, igual que al Hezbollah o a ISIS, no me hace tomar partido, tampoco me hace de izquierda o derecha, sólo ser menos ciego. A los dos primeros los conozco de primera mano, pero los tres son tan bestias como cualquier otro fundamentalista, de Estado o no. Ningún misil en el mundo es defendible.

¿En qué momento nos pudrimos tanto que llegamos a pensar que, si las cifras fueran parejas, el problema sería menos grave? En el momento en que presenciamos la tragedia desde una silla acolchonada por las creencias. Indignémonos porque hay muertos, entre ellos niños. No porque el *score* apunte a un lado o al otro. Lo criminal son las víctimas, no el marcador.

Desde hace veinte años he visto repetirse una preocupante escena en la zona: si bien cada paso adelante que resulta de las negociaciones, es seguido por dos pasos atrás, esos pasos en reversa son cada vez más grandes. Y las víctimas no están dentro de las generalizaciones; ni todos los palestinos respaldan a Hamás; ni todos los israelíes al gobierno de Jerusalén. De hecho, históricamente, todos los pueblos cuyos gobiernos se han caracterizado por un exceso de fuerza y absoluta violencia tienden a rechazar esa misma violencia.

La violencia es el espacio que queda fuera del lenguaje. A falta de palabras entrarán en acción los golpes, las balas, las bombas y los secuestros. Es la forma más primitiva de justicia: la venganza que sigue al prejuicio y la descalificación. El talión es de animales. Cuando generalizamos hacemos un uso pobre del lenguaje, parecido a lo que hace Hamás y el gobierno de Israel al negarse a negociar. La violencia cesa cuando aparece el diálogo: el lenguaje.

No seamos partícipes de ese ejercicio de estupidez extrema.

DISTANTES[*]

Si tuviéramos a quien odiar en Siria, aún sería noticia. En realidad, nuestras preocupaciones internacionales están llenas de hipocresía. Somos simples observadores distantes, jueces del malo en turno, perseguidores de la injusticia inmediata y odiadores predecibles. Así somos nosotros, en México y Europa, Estados Unidos y América Latina. No me meto con los asiáticos porque no los conozco; tampoco puedo juzgar a los medios de comunicación y sociedades del África no árabe o musulmana, ésa que tan poco nos importa en Occidente y no lo hará hasta que en ella encontremos un enemigo personal.

En Siria, hace unos años, la gente salió a las calles para reclamar un mejor país. De inmediato hablé con amigos, con mi familia en Damasco. El recuerdo del diálogo no deja de sorprenderme; no pedían mucho, estaban dispuestos a soportar la dictadura bajo la que vivían desde hacía varias décadas. Todo ha cambiado. La respuesta del Estado fue fulminante, medible en los más de doscientos mil muertos y nueve millones que la guerra civil ha desplazado.

¿Qué es lo que nos acerca más a Palestina que a Siria?

Lanzo una cubetada de agua fría con el riesgo de resultar antipático. Busquen imágenes de Damasco, Alepo, Homs, Hama,

---

[*] Publicado originalmente en *Sin Embargo*, el 9 de agosto de 2014

la ciudad en Siria que quieran. Ahora inténtelo con Gaza y encuentren las diferencias. Somos un mundo falso, egoístas de primera categoría que quieren tener el alma tranquila, los odios redimidos y la sonrisa presta para el siguiente discurso. También tenemos la palma de la mano abierta para la próxima bofetada, pero que no le prestará la menor atención a lo que no concierna a nuestros enemigos cercanos.

En más de tres años sólo vi reacciones similares a las que se presentan ahora ante la crisis Hamás-Israel cuando empezó el conflicto en Siria. Entonces se experimentó una sorpresa que no llegó a durar un año. Después, los titulares se ocuparon de las armas químicas. Para el segundo aniversario, el malo era Estados Unidos, que amenazaba con intervenir y la simplificación de la barbarie adjudicó a aquellas tierras recursos que nunca han tenido en abundancia. Los niños no importaron, menos los refugiados y la escasez de alimentos y medicinas. Hicieron de ese país un lugar rico de petróleo, cosa falsa como el conejo de Pascua. Los intereses, decían, eran los del imperio, pero en esas fechas nadie mencionaba la palabra genocidio y para entonces ya llevábamos un centenar de miles de muertos. No han pasado muchos meses desde que los medios empezaron a hablar de ISIS, los fundamentalistas que quieren montar un califato entre Irak y Siria. De al-Nusra no veo muchos titulares en la prensa internacional, menos en la mexicana. Tampoco de las batallas por controlar el norte de Siria entre las tropas de Assad, los rebeldes seculares y los fanáticos que juegan a ser o no ser al-Qaeda. ¿Quién de ellos es nuestro enemigo? ¿A quién insultamos? ¿Cuáles son las víctimas inocentes? Qué nos importa.

Sería ridículo minimizar un conflicto frente a otro, cualquiera que sea, en la parte del mundo que elijan. No por hablar de una guerra, la otra deja de importar. Sin embargo, si condenamos al silencio a cualquiera de las dos, ésa, en efecto, desaparecerá. No por reclamar el recuento de tres años, las últimas semanas dejan de ser trágicas.

¿De dónde viene nuestro interés por Palestina e Israel?

Primero, porque el conflicto es atroz y lo lleva siendo demasiado tiempo. Pero también porque existen mayorías profundamente antisemitas, que lo son sin siquiera aceptarlo, y que prefieren tomar bando en un partido que ni siquiera se debería de jugar. Porque en esa tragedia todos encuentran una relación directa; somos falsos, pero también humanos y nos descubrimos como tales en nuestros defectos.

Además, tenemos la costumbre de decir que los medios manipulan la información para que la gente se interese por una cosa o la otra. Dejemos de pensar que somos tan ingenuos, tal vez somos más maliciosos de lo que reconocemos. Los intereses públicos —como nunca, debido a internet— son los que exigen a la prensa los temas de los que quieren oír. La prensa, entonces, dará las noticias que le permita tener las mayores audiencias, en medio de la competencia mediática más abrumadora de la historia. Cumplen los gustos de la gente y, así, es la gente la que termina, de alguna forma, manipulando la información. Esto sucede más en los medios digitales —incluyendo redes sociales— que en los tradicionales, aunque éstos cada vez se comportan más como sus nuevos contrincantes.

¿Por qué una noticia de guerra es atractiva y genera empatías? Porque tenemos a quien odiar.

La identidad cada vez tiene menos que ver con quién somos y más con quién no somos. Qué brillantes resultamos ser: nos definimos por el contrario. No somos lo que no queremos y no queremos lo que odiamos. Soy liberal al defender a Hamás, que es indefendible. Soy de derecha si apoyo al pueblo judío, pero el calificativo no contempla que también hay judíos en contra —sí, los hay, y son muchos— de su propio gobierno, mentiroso y sin atributos en su defensa.

En medio de esto está nuestra reacción ante los eventos. Dependiendo de nuestra reacción, los medios elegirán los intereses a cubrir. Al final, la información es tan doble cara como nosotros.

Israel representa, en la obviedad, la esfera de influencia de Estados Unidos en la zona y nuestro vecino se ha hecho odiar por la mayor parte del planeta, al menos políticamente. Es una lástima, sus gobiernos han sido tan brutos que sus logros y virtudes pasan a último término. Rechazar la violencia del más fuerte es bastante natural y loable. Desgraciadamente, descubrimos que hay quienes se inventan enemigos que no reconocen y esconden su ignorancia bajo conceptos hipócritas de decencia. Ya he hablado de cómo esto llega al sinsentido más idiota, a las generalizaciones raciales y religiosas que sólo diezman la inteligencia de quien las profiere. En estas líneas no me meteré con la estupidez humana, sí con nuestra falta de congruencia.

Siria ha alcanzado el mayor número de titulares cuando en su drama han estado involucradas las grandes potencias, que se declaran abiertamente en favor y en contra de la dictadura. Aquella guerra civil tiene tal cantidad de aristas que resulta imposible tomar partido de forma inmediata: Assad, los rebeldes, el Hezbollah, la armada de los Mujahedeen, la legión Sham, una especie de autonomía kurda que apareció en 2013 y suma seis distintos grupos armados, los fundamentalistas, que son varios y cada uno está más mal de la cabeza que el otro. Además, están los actores externos que, por ser indirectos, no llegan a nuestra discusión y a nuestras mesas: Irán, Turquía, China, el Consejo de Seguridad, etcétera. Entonces mejor nos olvidamos de ellos. Es una guerra complicada y nos gustan las cosas simples.

Hace unos días, la guerra civil siria salpicó nuevamente sus fronteras. Un grupo de islamistas sirios entró a territorio libanés, apenas a unos trescientos kilómetros de Gaza, en una de las zonas que han servido de refugio a miles de desplazados. Pero, como ahí no hay por quien tomar partido, mejor que se sigan matando.

¿Qué es el Daesh?*

No puedo decirle Estado Islámico a ISIS, lo llamaré Daesh.

No es Estado, no quiero darles el gusto de serlo, ni siquiera en la palabra. Porque en árabe las palabras importan.

No es Estado pero sí gobierno, es economía. Tiene instituciones.

Es consecuencia de todos los problemas de la región.

Es resultado de la dictadura iraquí; de la invasión y salida de Estados Unidos. De la guerra civil siria. De la ausencia de poder en la zona y el crecimiento del fundamentalismo islámico. Es fruto de al-Qaeda.

El Daesh es el territorio que sus miembros han conquistado entre Siria e Irak. Más de la mitad de cada país. Pero también es una ideología que se expande. Es un gigantesco grupo criminal.

Creció con los fondos de las familias de algunos países petroleros, como Arabia Saudita. Con sus actividades, ya es un organismo capaz de sostenerse a sí mismo.

El Daesh busca instaurar un califato donde alguna vez llegaron los dominios islamoárabes.

Su líder, Abu Bakr al Baghdadi, tomó su nombre del primer califa tras la muerte de Mahoma.

Para sus miembros, todo aquel que no siga su interpretación de los textos es un hereje. Incluidos musulmanes sunitas moderados y chiitas.

---

* Transmitido originalmente en el programa *Así las cosas*, de W Radio.

El Daesh no busca negociar, su principio básico es la aniquilación de aquel que no comulgue con ellos: Raqqa, Palmira, París.

El Daesh no es sólo la culminación del fundamentalismo religioso. Lo es también de todos los extremismos juntos.

De minaretes, califas y Kaláshnikov[*]

Nunca, desde que era un niño y en casa veía a los mayores beber café turco mientras discutían sobre Medio Oriente, he escuchado de un día de paz en aquella zona. Tampoco lo encontré en las primeras lecturas que me llevaron al final del Mediterráneo.

Rompiendo con la tradición que dicta nombrar a grandes y consagrados escritores entre las primeras influencias de cualquier persona dedicada a quehaceres literarios, me veo obligado a reconocer con inmenso orgullo a Goscinny como responsable de mis desvelos. Ese autor y editor francés es el creador de los diálogos de Astérix, el galo invencible que me mostró la decadente Roma, cuando se cruzó ante mí años antes de conocer las *Memorias de Adriano*.

Otro de sus personajes, mucho más trágico, aunque simpático, desarrollado no en colaboración con Uderzo, sino a través del pincel y dibujos de Jean Tabary, se metió en las lecturas de mi infancia con un cariño dictado por las coincidencias. Mi casa era árabe y tenía para leer las tiras de un héroe, más bien un villano, proveniente de un país semejante al de mi herencia. Era un ser mezquino y de baja estatura, con larga barba puntiaguda, su piel similar al pelaje de un perro salvaje y carroñero: se llamaba Iznogoud.

---

[*]Publicado originalmente en *Sin Embargo*, el 20 de julio de 2014.

Iznogoud era el gran visir —una especie de primer ministro— del Califa Harún el-Pussah. Gordo, bonachón, tonto e injusto, cabeza de una Bagdad inspirada en *Las mil y una noches*, tan distinta a esa que aparece hoy en las noticias. Sólo una idea ocupaba la envidiosa mente de Iznogoud: "Ser califa en lugar del califa".

Hasta hace poco con la excepción de visitas a museos y encuentros con documentos académicos e históricos, el término califato se encontraba en absoluto desuso, incluso para los que mantenemos relación con Medio Oriente. El origen de este sistema de gobierno creado en pos de la unidad musulmana se remonta a la muerte de Mahoma. En los primeros capítulos de este libro mencioné que tras su deceso, cuatro califas consecutivos, durante treinta años en el siglo XVII, formaron el período conocido como el de los ortodoxos. Hay que recordar que, por única vez, todos los musulmanes respondieron unánimemente y, del fin de esa época, viene la escisión entre musulmanes chiitas y sunitas. Desde el 661 al año 1924, cinco califatos se repartieron entre ambas vertientes. Jamás volvió la doctrina musulmana a marchar por un solo camino.

La división religiosa llega a las noticias como nunca lo había hecho desde entonces. A lo largo de los últimos meses ha sido difícil no encontrar en los medios alguna nota o artículo dando cuenta del Daesh, el *Estado Islámico* de Irak y el Levante. Ellos y sus simpatizantes buscan recuperar un califato sunita, como Iznogoud hizo todo por robar uno aparentemente chiita.

Una visión occidental apresurada definirá al Daesh como la reencarnación de Osama Bin-Laden; es fácil caer en la confusión. La organización de la que hablamos, aunque reciente, parte del al-Qaeda de los noventa y los primeros años del siglo XXI. También está formado por una pandilla de fundamentalistas sin escrúpulos, acostumbrados a atacar a civiles escudándose en la bandera del rechazo a Occidente y calentando los ánimos para defender el más ferviente extremismo religioso. Pero el Daesh marcha aún más a contracorriente que el ya muerto terrorista saudita; a nivel local, eso lo hace más peligroso. A escala internacional, les falta demasiado para llegar a los alcances de Bin Laden. La meta final de este grupo fanático y criminal es construir un Estado —califato— que abarque ambos lados de la frontera sirio-iraquí. Vale la pena recordarlo, Irak cuenta con una mayoría de musulmanes chiitas, Siria de sunís. El único islam reconocido por el Daesh es el último, acusan de herejes a los primeros y masacran sin temor a los no conversos. A lo largo de la semana y pese a los esfuerzos del gobierno iraquí por unificar un territorio compuesto por tribus, el Daesh ha declarado la guerra al gobierno de Bagdad, al de Damasco, a la población cristiana, musulmana adversa y kurda. Todos parejo. También a uno que otro grupo rebelde que combate contra la dictadura de Assad. No necesitan demasiados argumentos, si bien la conformación de un Estado es un asunto evidentemente político, la política es religión y las religiones —en todo el mundo, pero en particular en esos países— causan demasiados problemas.

Como decía, los personajes de Goscinny y Tabary parecen ser chiitas, aunque no se hace la menor referencia a una escisión islámica; tampoco las recuerdo como parte importante de *Las mil y una noches*. Esa Bagdad, la esplendorosa, ese mundo árabe de minaretes y leyendas, ha sido sepultada en la memoria por la necesidad del poder sobre el poder, no hay magia ya a su derredor. Ya no veremos Sherezadas en la Bagdad y el Damasco de hoy; las calles están llenas de Iznogouds.

Hace un par de semanas, platicando con Nir Baram, comentábamos los hipotéticos escenarios de paz en Oriente Medio, no sólo en lo referente al Estado hebreo, sino al amplio escenario regional. Buscando ser congruente con la historia, confesé mi escepticismo: no veo paz posible en aquellos lugares.

Desde el 2011 las protestas naturales derivaron en una sectarización de la que se ha hablado mucho. Había causas claras y justas para salir a las calles, sin embargo, no fueron éstas las que causaron la hecatombe.

En las primeras estructuras de pensamiento social se encuentra la religión, a ésta siguió la filosofía y luego apareció la política. En Medio Oriente hemos regresado al punto de origen y las creencias embravecidas a punta de Kaláshnikov y mortero son mal auguro, tan malo que ni siquiera el adivino de una lámpara se atrevería a revelar. Más allá de las diferencias que separan a los dos grupos hegemónicos del islam, la gran falla de cohesión social obedece a su dependencia con el Estado. No se debe olvidar que el islam es una religión de Estado, así, unos y otros buscarán su propio esquema de regulación doctrinal. Ante esto, no hay convivencia posible con los de una fe distinta, aunque en términos reales sea parecida.

En su novela gráfica, Goscinny hace a Iznogoud elaborar los más intrincados planes para derrocar al califa; se ha aliado con sus enemigos, ha invocado genios y planeado traiciones ridículas. Incluso viajó en el tiempo para conseguir un portaaviones del siglo XX —no supo qué hacer con él y lo cambió por un queso que amenazaba con unos vapores insoportables—. Si se trasladaran las posibilidades trágicas de sus acciones a la vida real, las tiras cómicas dejarían de serlo. Escandalizados, vimos esta semana cómo el Daesh masacró a sangre fría a un gigantesco grupo de chiitas. La Bagdad que tienen sitiada se parece cada día más al Damasco de Assad que a la capital de Harún el-Pussah. Si Estados Unidos envía un destacamento militar nada desdeñable, es porque no puede permitir el avance de un grupo tan salvaje como fundamentalista, pero también porque tras la retirada de sus tropas dejó a veinte mil civiles trabajando en esas tierras. Si la cosa empeora, intentarán sacarlos pronto. El gobierno de Bagdad solicitó ayuda a los norteamericanos (esto ya suena ridículo). Mientras escribo esto, no se cierra la posibilidad de un ataque estadounidense directo —aunque muy dirigido, específico—; si ocurre pueden mermar a los islamistas, pero en el instante en que lo hagan, fortalecerán a Bashar al-Assad. Darán legitimidad a los argumentos conspiracioncitas de Damasco, que no ha dejado de calificar de terroristas a sus enemigos.

Es difícil que el Daesh logre sus objetivos, no cuentan con el respaldo necesario para ello. La zona acepta vivir en guerra, pero con límites. Ellos los han cruzado y obligan a una reflexión nada sencilla. Habrá que pensar si los países musulmanes son capaces de coexistir con sus mínimas diferencias, mínimas de verdad: se deben sólo a los profetas. Una opción complicada, pero no imposible, sí trágica: ¿las fronteras tendrán que redibujarse en virtud de algo tan frágil como la religión? Con el paso del tiempo, esa posible solución temporal, sin importar su costo humano, estallaría ante la más ligera ofensa. Medio Oriente no ha dado signos de poder vivir en paz. Las mil y una noches se hicieron interminables.

UNA HISTORIA DE ALEPO[*]

Es común que un hombre árabe renuncie a su nombre de pila para tomar el de su primer hijo varón, precedido por la palabra *Abu*, su título de paternidad. Hace muchos años, Rashed Faraq se hizo llamar Abu Lutfi, el padre de Lutfi. Abu Lutfi es muchos hombres, un personaje. Su voz es la de varios con los que he hablado en los últimos meses. Viven al norte de Siria, comparten historias y temores.

Abu Lutfi sabe que si su hijo mayor regresa a Alepo, lo hará con una nueva bandera. Será la tercera que Nael y Fátima, los dos hijos menores, pondrán en la puerta de su casa desde que inicio la guerra. Primero fue la de franjas horizontales, roja y negra, casi idéntica a la de Irak, la del partido Ba'ath, cuando de un lado de la frontera estaba Hafez al-Assad y del otro Saddam. Los colores que todavía ondean en Naciones Unidas.

Alepo está completamente destruida. Esa casa quedó reducida a la mitad. Ahí extrañan los tiempos de paz, cuando Lutfi iba a buscar trabajo día con día y, a pesar de su doctorado, regresaba sin nada; cuando su padre manejaba un auto como si fuera taxi, transportado turistas al centro de la ciudad; cuando no se podía hablar en la calle por miedo a que el Mukhabarat escuchara. En esos días conocían los límites de la dictadura, que

---

[*] Publicado originalmente en la revista *Nexos*, abril de 2015.

eran pocos, y sólo temían la infinita brutalidad del régimen. Hoy, cuando Abu Lutfi sale a la calle, voltea a lo alto de los edificios tratando de ubicar francotiradores; si escucha el silbido de un avión, corre en busca de refugio. Calcula cuánto tiempo tardarán en caer las bombas, ya es experto. Están las de barril que arroja la fuerza aérea y explotan en el suelo liberando miles de esquirlas en llamas. También están los morteros de Nusra, la filial siria de al-Qaeda, y las granadas del Daesh. Abu Lutfi no usará el acrónimo árabe de ese grupo, a su hijo no le gusta porque juega con otra palabra que representa el sonido que se produce al aplastar un insecto. Las cosas cambian. La empleaba sin temor cuando colocó la segunda bandera, la de franjas verde y negra, la de la independencia, esa que hicieron propia los rebeldes cuando en la guerra sólo estaban ellos y los hermanos al-Assad. También Lutfi la usaba con desprecio cuando peleaba contra el régimen, pero desde que se fue a Irak, no lo hace más. El sonido de *Da'esh* es brusco, poco lírico, y en árabe siempre importa más cómo se dice algo que lo que se dice. Prefiere al-Dawla: el Estado, el califato. Su proyecto es reinstaurar el viejo Imperio islámico, que llegaba hasta España en los días de Córdoba y Granada. Abu Lutfi es complaciente, quiere que todo acabe, quiere a su hijo de regreso y no duda que una ofensa será suficiente para que muera a manos de su sangre. Extraña los tiempos de la dictadura, me dice al teléfono. Todos los Assad juntos, aun con su aparato represor, eran un mal menor.

No hablamos de muertos, tampoco de las decapitaciones que todos tienen presentes cuando se habla del Daesh. No le pido que me cuente nada de esto, ya está en las noticias. Hay un punto en el que sólo hablan de esas cosas quienes no conocen el campo de batalla.

—¿Cómo llegamos a esto? —me pregunta.

—¿Abu Lutfi, te acuerdas de la hija de Lana?

—¿Cómo está?

—Bien, entiendo que ya está bien. Su amigo está muerto.

—¿Iban agarrados de la mano?

—No, sólo estaban caminando.

—*Al hamdu lillah* —agradece a Dios en árabe—. Puede que sus palabras sean vacías. Después de todo, sigue creyendo en él.

—Todo esto para nada —dice entre lágrimas.

Nunca he sabido hablar con alguien que llora. Fueron las mismas palabras que escribió mi prima hace unos meses, cuando me avisó de mi sobrina.

—¿Cómo llegamos a esto? —pregunta de nuevo.

La respuesta está en cómo empezamos.

Parece novela rusa. Para entender por qué Lutfi ha cambiado de bando hay que sacar la pluma y hacer un diagrama que recuerde las relaciones a lo largo de la historia. Su padre teme que no regrese; sus hermanos, que lo haga. Se ha hecho un hombre violento que obliga a Fátima a cubrirse el rostro. Los bombardeos liderados por Estados Unidos han sido eficaces; están conteniendo al Daesh en el territorio que ocupa entre Siria e Irak, pero el grupo fundamentalista es poderoso y la tímida intervención no es suficiente. ¿Cómo se mata una idea? Los mejores analistas ya han explicado cómo, por más que se estén replegando, surgen voces que proclaman su filia con quienes quieren imponer un califato.

Abu Lutfi tiene edad suficiente para recordar y explicarme cómo el partido Ba'ath manejó a las tribus desde la década de los setenta. Ahí se encuentra la clave para entender el surgimiento y auge del Daesh. Saddam y al-Assad tenían más diferencias de las conocidas; sus respectivas políticas internas son parte de las razones que tienen al mundo pasmado ante una organización terrorista que además es un grupo comercial, evidentemente criminal, que sabe manejar los mercados grises donde petróleo y armas se venden de forma casi legal. Daesh es todo eso y un símil de Estado. No lo es porque no tiene el reconocimiento internacional. Y lo más peligroso: es una utopía política y religiosa que genera adeptos. Abu Lutfi y yo evitamos hablar de su expansión fuera del territorio sirio e iraquí, esa parece incontenible.

Saddam era sunita, se reunía con sus tribus y también con las chiitas. Hafez despreciaba a todas como si fuera occidental, pensaba que contradecían el progresismo del ba'athismo sirio, pero el ba'athismo secular de Irak permitió el regreso del fundamentalismo.

—En América, ustedes piensan que las tribus no son civilizadas, pero éramos tribus antes de que nos dibujaran las fronteras y lo seguimos siendo. —No sé qué responderle, tiene razón. Hemos sido demasiado soberbios—.

Esas fronteras ya no existen. La mayoría de las tribus se encuentra en esas zonas, ahí es donde el Daesh se ha desenvuelto mejor. También Nusra se movía bien ahí. Ambos grupos emplearon el método de Saddam: usar a las tribus para controlar territorios.

El Daesh encumbra líderes tribales, les ofrece petróleo y contrabandos, les da posiciones de liderazgo si dan la espalda a los viejos que se habían mantenido neutrales o bien de lado de al-Assad.

—Abu Lutfi, tu hijo no pertenece a ninguna tribu —afirmo con la duda que provoca una posible ignorancia.

—Pero es un buen árbitro.

A raíz de la guerra, los dos países se quedaron sin un gobierno capaz de resolver los asuntos más simples. Si una tribu se pelea con otra, ninguna de las dos esperará la presencia de Damasco ni de Bagdad; van con el Daesh y ellos mandan a Lutfi para patrullar y poner orden. Siempre lo acompañan extranjeros.

—En realidad ellos no importan —dice Abu Lutfi con desdén.

Se dice que al separase Nusra, la mayoría de los yihadistas europeos se fueron con el Daesh, a Bagdad. Para probar su fe, les asignaron misiones suicidas; sin religiosidad de por medio, eran desechables. Tal vez por eso sean extranjeros los que empuñan el cuchillo y decapitan frente a las cámaras.

—Ya hacía eso al-Qaeda en Irak —cuenta mi viejo amigo; es un secreto a voces.

Antes de la retirada de las tropas estadounidenses, se dice que el cuñado de Bashar apoyó a al-Qaeda. Formaba parte de su gabinete. Assef Shawakat murió en un atentado en 2012.

—Abu Lutfi, me dicen otros hombres que ese ataque le sirvió a Bashar.

Y el viejo espeta un sí por el altavoz. Efectivamente, el atentado le cayó de perlas. Los rumores acerca de una crisis de gobierno eran tan fuertes como los que hoy rodean al atentado.

Por eso Siria, Irak y el Daesh son como una novela rusa. Se mezclan familias, clanes, tribus y política con Dios. De este lado del mundo creemos que la religión es todo.

Sí, es la principal preocupación de Abu Bakr al-Baghdadi y su cúpula. Se hizo llamar el emir de los creyentes; es como si el papa se autoproclamara. Las tribus no simpatizan a rajatabla con el califato que quiere imponer, algunas se le adhieren por razones políticas. Es mero pragmatismo y supervivencia. Al-Baghdadi las une y separa a modo, para evitar levantamientos.

—¿Como en Siria en los ochenta? —le pregunto refiriéndome a los Hermanos Musulmanes. No contesta—.

—Antes de la guerra, Damasco fue anfitriona de reuniones entre al-Qaeda y el partido Ba'ath de Irak. La guerra es promiscua —relata el hombre que espera el regreso de su hijo.

Todos contra todos es más grande que Damasco, Irán y Estados Unidos peleando contra el mismo enemigo. Que el Hezbollah y Washington compartan adversario es comprensible, lo que se debe entender es la pelea que se desarrolla a partir de reglas tribales. Líneas patriarcales se desafían y luego se reúnen en las trincheras. Estamos ante acuerdos de una política familiar más que yihadista y la búsqueda del regreso de un Imperio islámico.

El dominio del Daesh en las decisiones patriarcales no es compatible con la estrategia occidental; los bombardeos de Estados Unidos han mermado las posiciones de los fundamentalistas, pero no contemplan su poder de adaptación. A falta de una solución en Siria, esta estructura sigue siendo funcional y, aunque hay quien piensa que el Daesh tiene flancos que lo hacen temporal —los bombardeos principalmente—, ha logrado que miembros de una misma tribu combatan entre sí. Su condición de idea permite su permanencia y mutación, por eso las escisiones dentro de las organizaciones terroristas. Al-Baghdadi no depende de sí mismo para su objetivo, su presencia es transitoria, busca que su pensamiento permee en escalones más bajos. Mientras no exista un asomo de estabilidad en Siria, el manejo de los clanes será más poderoso que cualquier ofensiva.

La estabilidad en Medio Oriente tiene varios niveles. Los externos: el internacional y el regional. El interno: las tribus. El Daesh está presente en todos. Si bien una solución al conflicto sirio podrá venir con la negociación de los actores internacionales, como Estados Unidos y Rusia, en pos de un régimen transitorio que incluya a la familia Assad, las estructuras tribales quedan en este instante fuera de su alcance. El mal mayor en que se convirtió el Daesh, por su nivel de violencia, puede disminuir con el incremento de estabilidad en los factores externos. Pero, por lo pronto, si bien los bombardeos y la contención reducirán sus actividades, al mismo tiempo fortalecen las voces de adhesión en el resto del planeta.

Si las naciones no pueden con las tribus, ¿qué pasa si se permite a éstas convertirse en Estado? Ninguna de las naciones involucradas permitirá que el Daesh llegue a controlar las ciudades importantes; jamás el califato llegará a las dimensiones de los sueños de Lutfi y al-Baghdadi, pero posiblemente, en la búsqueda de un bien mayor, una solución efímera sea obligarlos a permanecer en la fracción de territorio que controlan, donde el mundo seguirá viendo cómo hacen barbaridad y media, ablaciones, ejecuciones y demás actos inefables, perdiendo la humanidad que decimos tener. Al final, creemos que el ostracismo ha funcionado para contener las acciones de algunos Estados, cuando apenas sirven para que no nos molesten tanto. No sé, ante el fanatismo no tengo respuestas.

Abu Lutfi no volverá a saber de su hijo. Nael espera que eso suceda para no tener que defender a su hermana.

— ۲۹ —

EL TRIUNFO DEL ODIO[*]

Si fuéramos capaces de entender por completo los comportamientos humanos, no tendríamos una sola obra de arte en el mundo: ni una novela de Dostoievski, ni un solo cuadro de Goya, y el *Guernica* no habría pasado de ser un toro con la mirada bizca. Es cierto trabajo intelectual el que busca recursos para hablar de lo peor de nuestra especie y en él, quizá, como escribí en la nota de las primeras páginas, no en el análisis periodístico o académico, es donde podemos descubrir qué es lo que pasa por la cabeza de un tipo cuando le dispara a otro en la cara, cuando toma por asalto un teatro lleno gente que asistía a un concierto. Por qué, al empuñar un Kaláshnikov, alguien pueda convertirse en nicho de santo. Qué lleva a un hijo del agnosticismo a ceder a la doctrina y terminar por pasarle el cuchillo al cuello de un tipo.

¿Qué estudio me ayudará a entender esto? Ninguna acumulación de datos sirve para comprender la barbarie. Será el antropólogo o, tal vez, el sociólogo quien me pueda dar una pista, pero, aunque la encuentre, no podré decirle una palabra de consuelo a quien perdió a su hija bajo la balacera de una suerte de pelotón de fusilamiento.

[*] Publicado originalmente en la revista *Nexos*, noviembre de 2015.

Intento entender los porqués del fundamentalismo —del que me gustaría pensar las raíces junto a sus síntomas— y sólo me quedan las dudas, que espero en sí mismas contengan alguna respuesta.

Se ha dicho todo acerca de los múltiples atentados en París, de la operación quirúrgica, de sus víctimas. Del miedo. Podremos repetir hasta el cansancio qué es el Daesh y aclarar por qué algunos evitamos decirle Estado Islámico. Afirmaremos nuestra negativa a darles el gusto que exigen, optaremos por hablar árabe, incluso sin saber pronunciar *marhaba* y utilizaremos el acrónimo despectivo. Daremos y escucharemos el contexto de la guerra civil en Siria; como si cinco años de pesadilla no hubieran sido suficientes para darnos cuenta de que en ese lugar una dictadura aplastó, con la mayor violencia imaginable, las protestas que pedían una mejor vida. Y se pudrió todo, también lo que ya estaba podrido. Repetiremos una y otra vez cómo ese país e Irak fueron partiéndose a pedazos, por culpas propias y externas, hasta que se quedaron sin astillas. Nada de eso nos permitirá saber del dolor y el abandono de aquellos que, hace unos años, en el centro de Homs, debatieron en torno una intervención de Occidente que hubiera impedido el crecimiento de este extremismo que encanta a jóvenes dispuestos a viajar a Raqqa, la ciudad conquistada por el Daesh, para entrenarse y prepararse para la extinción de todo aquel que no piense como ellos. Sin importar cuántas veces repitamos que el objetivo de éste o cualquier otro terrorismo es, justamente, crecer los temores de terceros, jamás podremos vernos unos a los otros y tener cara digna para aceptar lo que podría ser el éxito de los malos. Para ellos, ni siquiera sus víctimas merecen el respetuoso apelativo.

Ya sabíamos de la violencia. No sorprenden los atentados más que desde la empatía del sufrimiento ajeno, que no es sólo el de las vidas, sino también el de la fragilidad de los territorios y las ideas. De la incertidumbre que provoca el no saber cuál es el siguiente blanco. El Daesh no es un cáncer localizado, es una malformación que necesita de nuevos huéspedes para existir, para reafirmarse, para convencerse a sí mismo de que está ganando. Y puede que lo esté haciendo. Es un grupo criminal, es un símil de gobierno, es una ideología. Mientras escribo, recuento los comandos del 13 de noviembre en París, la bomba en Beirut, una amenaza en un estadio de Alemania, la confirmación del derribo de un avión ruso, el desvío de no sé cuántas otras aeronaves, los cateos en Saint-Denis, el Hotel du Louvre evacuado, dos ejecuciones de rehenes en Siria, el desalojo de la plaza de Cusco en Madrid y de una terminal del aeropuerto en Copenhague.

El miedo se ha apoderado de nosotros y nosotros no sólo equivale a Europa. El miedo es democrático y se expresa de diferentes maneras. En el prejuicio europeo, en el desprecio, en la indiferencia y en la autoflagelación de muchos que reclaman las reacciones del Gobierno francés, sin pensar que no podían hacer otra cosa. No fue sólo un ataque, sino también una declaración de guerra que obliga respuesta. No se trata de si está bien o está mal; no seamos ingenuos. El modelo de Gandhi no tiene lugar en este escenario, desgraciadamente. No es decir que alguna guerra es correcta. No pueden serlo, pero en ocasiones se asoman necesarias. Qué espanto es teclear eso. Después de *Charlie Hebdo* y ahora con la masacre del Bataclán, las opciones de Hollande se fueron de paseo.

Que hay niños en las posiciones bombardeadas en Siria: sí. La tragedia dentro de la tragedia es que la guerra nunca es justa. Que Francia podía poner la otra mejilla: de ninguna forma. Me gustaría ser ajeno a los dos países para que mi garganta no se cerrara al escribir esto. No lo soy.

Hace poco más un año, un mensaje me avisó de un misil que había caído a un lado de mi sobrina mayor, en el barrio cristiano de Damasco. Su compañero murió de inmediato; tristes catorce años. Se contaban tres años y medio de guerra. Con todo y las mayores masacres cometidas a por el régimen de al-Assad, pese a que las víctimas parecían ser menos, el Daesh ya era el mal mayor, por encima de la dictadura. Su crueldad sobrepasó los límites del campo de batalla. Se comenzaban a escuchar los rumores que hoy ya no son noticia, las abducciones de mujeres para venderlas como esclavas, la brutalidad en las madrazas donde se enseña siguiendo una ortodoxia religiosa que no se veía desde los tiempos de los cuatro profetas. Las torturas y exhibiciones públicas; las decapitaciones y los asesinatos a quienes no acatan la *sharia*.

Hace unos días, Adonis, el gran poeta sirio, no mostró asombro ante la llegada del terrorismo a París: "su vocación es internacional, para demostrar que están ahí".

Trato de imaginar cómo podemos impedir que ganen. No estoy seguro. Si las víctimas directas no son para ellos más que el vehículo del miedo, si esos que perdieron y pierden la vida en los atentados que no cesarán son el mero instrumento para lograr situarnos en el estado en que nos encontramos, me cuesta ser fuerte ante lo que Salman Rushdie dijo, sin posibilidad de ser más honesto: "La única forma de vencer al terrorismo, es no aterrorizarse". Me cuesta trabajo ser fuerte, aunque estoy convencido de ello.

Pero están buscando imponer el dogma y anular los pocos grandes logros de Occidente. Los muertos también son nuestros, no sólo franceses. Esos que relativizamos hasta la idiotez con frases como: "se lo buscaron", "es por el saqueo de Occidente, por el petróleo", "es porque el imperio sólo busca la guerra". Esos logros nos permiten decir lo que no nos gusta y también, afortunadamente, aunque se me pongan los pelos de punta, esas relativizaciones, que no ven la diferencia entre Beirut y París. La diferencia está en los símbolos, no en las vidas perdidas, y el terrorismo depende de éstos, no de las muertes. Occidente tiene una responsabilidad gigantesca, sin duda, pero ésta no exime la responsabilidad del pensamiento religioso y sí, dejemos a un lado el discurso políticamente correcto, en especial del islam.

Nada tiene que ver con lo que el fundamentalismo ha logrado en los países donde se ha asentado. Están ganando y todavía pueden acumular más triunfos, porque nosotros dependemos de un equilibro complicado. Si bien es necesario, casi imprescindible que exista una respuesta que intente neutralizar al Daesh, dicha acción no detendrá a los que gritan sus consignas a la hora de hacer barbaridad y media. Tal vez sólo los incite aún más y entonces se viene nuestro dilema. El gran dilema. Parece que la única forma de contener el avance del extremismo doméstico, el que viaja de Europa a América, es la que ya hemos usado para ponerle un alto a estas cosas: policía e inteligencia. ¿Estoy dispuesto a creer en ello? Puede que sí. De nueva cuenta, no importa si estoy de acuerdo. No lo estoy, pero funciona. En ocasiones la historia, pese a nuestras convicciones, nos arroja ciertas certezas. Pero el gran problema de hacer esto es que arriesgamos uno de esos triunfos por los que Occidente es atacado: cierta libertad, esa libertad.

La posibilidad de abusos, de autoritarismo, de una discriminación imbécil —algunas no lo son— vuelve a darle a los malos la victoria. ¿Nos están haciendo como ellos? Entonces nuestra gran preocupación exhibe la fragilidad que hemos construido, la que puede necesitar de una revisión de los sistemas sociales y políticos, pues, si bien despiertan el odio por sus virtudes, quizás estén ahí las razones que llevan a un joven inglés a formar parte del Daesh o al-Qaeda. Dependemos entonces del equilibrio que se balancea cual péndulo de hipnotista: de un lado está la seguridad que los Estados tienen la obligación de mantener y, del otro, las libertades que también, sobre todo en el caso francés, tienen que garantizarse para respetar sus valores fundamentales. Sé que éste es terreno de arado para las derechas del mundo —y, para la mayoría, convertirse en extremas es sólo cosa de subir un peldaño—. Su discurso xenófobo atemoriza —lo reconozco cuando recuerdo a los policías en París que me han pedido mis papeles, también a los *mukhabarat* sirios—, pero no olvidemos de qué están hechos los logros de Occidente. Si la democracia no es el final, sino un camino, lo mismo ocurre con la libertad y su defensa.

Por lo pronto, no puedo hacer otra cosa, no quiero, más que confiar en la sensatez republicana, para que, cuando baje la marea, ésta se ponga por encima del miedo y del triunfo del odio.

Después de la guerra[*]

Hay un punto en el que dejan de contarse los años de una guerra. En el primero, las muertes daban la impresión de valer la esperanza. Al segundo lo acompañó la incredulidad ante la violencia. Los números dejaron de tener rostro. Cuando los cuerpos se cuentan de diez mil en diez mil, las cifras ya no significan nada. La muerte se pierde en la muerte, escribí en algún libro. Tres años, cuatro años, cinco años. ¿Qué habrá después de la guerra?

Siria no es sólo Siria, es el reflejo de Medio Oriente. Es la resaca de una borrachera de cien años en la que se siguen sirviendo tragos. La primera ronda acompañó a la Gran Guerra. Las colonias, la división de fronteras. La displicencia del mundo entero sobre la población kurda. Y seguimos sin ocuparnos de ellos. A largo plazo da la impresión de que el conflicto Palestina-Israel es menos decisivo de lo que reconoceremos los árabes. Aunque ahí se queda, aguardando transformarse en equilibrio e instrumento de cambio. La que fuera nuestra tragedia por excelencia —ya no lo es— es ahora la válvula de escape que quizá nos permita aprender a vivir juntos, a pesar del dilema moral que rige nuestra coexistencia. La revolución iraní de 1979 cambió el mundo, trajo de vuelta las

---

[*] Publicado originalmente en *Nexos*, enero de 2016.

rencillas chiitas y sunitas que se habían mantenido en duerme-vela por trece siglos, también permitió el crecimiento desmedido de los países petroleros de la península arábiga. Del poder debajo del poder que mueve los hilos de un titiritero que juega ajedrez. Siria es un espejo donde se reflejan los logros y abusos de las dictaduras, del totalitarismo. Los fracasos del triunfo de Occidente, el conformismo de Oriente. Cada elemento dejó de ser una singularidad y se convirtió en el andamiaje de la estructura de la región, en un castillo de cartas. Es éste el verdadero problema.

Ya en estas páginas he gritado cómo la reducción del conflicto a un asunto de buenos y malos es insultante para aquellos que salen a la calle entre el miedo y el odio. Es la vista desde la distancia, la simplificación como producto de la ignorancia. Algún día acabará la guerra en Siria, en los países vecinos, pero ninguno de los problemas que la provocaron se harán ausentes. Hemos pasado por Ginebra I, Ginebra II, Ginebra III —las que sean—, Viena y los acuerdos del Consejo de Seguridad, que se ocuparon de los síntomas. Antes tuvimos los acuerdos Sykes Picot de 1916, que establecieron países donde no había; o el tratado de Sèvres en 1920, que quiso darle forma al despojo del Imperio Otomano. O los varios Camp David y el desperdicio de la oportunidad de mantener la ilusión de dos pueblos. Pasaron las Primaveras árabes y la tentación de la inocencia.

Sobre Irak, Amin Maalouf censura la hipócrita ingenuidad de la opinión pública, que suele declarar: "¡La equivocación de los americanos fue imponer la democracia a un pueblo que no quería democracia!". Este dictamen sólo puede aceptarse como una antífrasis, dice Maalouf, y explica: "Lo que sucedió en verdad en Irak fue que los Estados Unidos no supieron llevarle democracia a un pueblo que soñaba con ella". Pero vienen las complicaciones de los sueños. La democracia en los países árabes tiene que franquear los abismos de una sociedad por naturaleza totalitaria, que anula al individuo en ejercicios que remiten al estalinismo de los cuarenta, a la religiosidad ajena al espíritu o al pensamiento horizontal del nuevo milenio.

Mientras escribo estas líneas, parte de la comunidad internacional parece contagiarse de un optimismo que me cuesta compartir. Luego de cinco años, el Consejo de Seguridad apunta hacia un acuerdo acerca de lo intolerable; por fin, de forma unánime se acepta que hay que poner un alto a la guerra civil siria. Se declara que la destrucción de un país es inadmisible —¡bravo!—, pero no hay consenso sobre quiénes deben sentarse a dialogar para detenerla. Es la historia dando vueltas una y otra vez, la imposibilidad de soluciones completas.

Agradezco a la ficción la posibilidad de construir mundos análogos que dibujan escenarios, tal vez reales. Parto de Siria por la cercanía personal, nada me importa más que el fin de su guerra. Cuando publiqué *Casa Damasco* imaginaba mi regreso a la ciudad, entrar a mi casa o a la de mi abuela, sabiendo la necesidad de levantar las ruinas para tener un nuevo comienzo. Hoy no hay ruinas que erigir. No hay ladrillos suficientes y sí demasiadas fracturas para vislumbrar un futuro ligeramente próximo. Porque las estructuras medioorientales permanecen sin alteración.

En Medio Oriente, todos los acuerdos dictados desde fuera han intentado componer un terreno demasiado adverso para actuar según la resolución a la que se haya llegado. Pero, por el otro lado, todos los acuerdos que surgieron desde adentro terminaron en catástrofe. No está mal, no del todo. Al menos se ha tenido la buena intención del deportista que dice que lo importante es competir. Sin embargo, no debemos olvidar que las intenciones nunca han sido suficientes para enfrentar la realidad.

Mi pesimismo no es gratuito, se compone de realidad e imaginación. Si se presta atención a los periódicos y medios árabes, ninguno le da demasiada importancia a la primera votación unánime en Siria, con la que Naciones Unidas cerró el 2015. Su plan de paz divide el problema en dos: la dictadura y el futuro político del país, por una parte, y el Daesh por otra. Por un lado hay razón, por otro no. Definir qué fuerzas podrán participar en las negociaciones de un futuro próximo representa la exclusión de más de uno y la obligación de dialogar con el enemigo que nunca estuvo dispuesto a negociar. ¿Cómo se puede convencer a un líder de las tropas rebeldes en cualquiera de las ciudades absolutamente destruidas por las tropas de la familia Al-Assad que comparta tribuna con Bashar? ¿Cómo se excluye la necesidad del régimen en un proceso de transición? Desde que iniciaron los conflictos en 2011, cualquier posible solución tendrá que tomar en cuenta a todos los actores involucrados, internos y externos, pero las figuras de la oposición al régimen en el territorio sirio no tienen gran peso en el discurso internacional. Una vez más, como siempre, Siria es la guerra donde nadie y todos pelean en simultáneo.

Intentaré ser optimista. Imagino que se podrá llegar a acuerdos que en un tiempo relativamente corto signifiquen un alto al fuego y abran la puerta a un gobierno transitorio, en el que no todas las fuerzas estarán representadas. Venga, así es la democracia. Al mismo tiempo, una coalición internacional se encarga de diezmar al Daesh tanto como es posible. En dos o tres generaciones es probable que algunas de las cicatrices de la guerra civil hayan cerrado. La supervivencia de los pueblos es motor de la cordura. Ninguna de las opciones permite cerrar el libro.

No hay un líder occidental que no haya dicho que tocará a los sirios definir quién se pondrá al frente de un gobierno proverbial. ¿Qué sirios? ¿Los que están del lado del régimen, los que salieron a pelear por los derechos más básicos hace cinco años, los de las irreconciliables vertientes religiosas, los que mataron y los que perdieron? Después de todo esto, Siria no terminará porque Siria es Medio Oriente.

Arabia Saudita anuncia la formación de una coalición de naciones musulmanas contra el terrorismo; se suman los países del Magreb, Egipto, Turquía, Malasia, etcétera. Nada de

Irán y sus aliados chiitas. El reino que en un momento ayudó a financiar al Daesh se le vuelve en contra. Es la historia de la zona, es el paraíso de la esquizofrenia. Se trata de la respuesta que le hacía falta al salafismo saudita para defender su hegemonía en el islamismo sunní. El Daesh se expande rápido, no hay bombardeo que alcance. Luego de las incursiones francesas a Raqqa, muchos de los integrantes del grupo terrorista se asentaron en el Golfo de Syrte, en Libia. Es fácil suponer qué esperan, ya son una columna más de los cimientos que determinan la estructura de esta parte del mundo.

Se saben los riesgos de tener tropas en tierra, no han cambiado desde la guerra de Afganistán. Basta preguntarle a los rusos. Pero hay instantes, trágicos sin duda, en los que la violencia es necesaria y nada cansa más que el discurso bien intencionado que llena de virtudes a una ingenua bandera blanca. La única oportunidad de una opción de paz un tanto viable es darle su valor a los grupos locales, y que fuerzas extranjeras trabajen a su lado. ¿Qué grupos locales? Regresamos dos párrafos atrás.

En medio, un pueblo puede encontrar aquello por lo que ha peleado. A los kurdos los han aplastado los gobiernos turcos, los iraquís y los sirios. Quizá cuando la guerra termine y se hable de Estados sectarios donde la secularidad fue un mero suspiro mal logrado, cuando la identidad árabe se haya esfumado en nombre las divergencias; cuando en la barbaridad se decida que es mejor que un Estado confesional mate a los suyos a que se disperse por otros territorios, quizá entonces los kurdos consigan una tierra.

Pero el dilema no termina, seguirán Israel y Palestina, con las complicaciones de más variables. La negación a convivir juntos, la duda sobre hasta cuándo se seguirá viviendo de esta forma, como si no hubiera de otra. La herencia árabe hace hablar de la solución de dos Estados. Es ingenuo, es hipócrita, pero en ocasiones caigo en esa ilusión o fantasía. La lógica obliga a tomar en serio la formalización de un solo Estado. Ya es uno solo.

Es desesperanzador, claro. Mientras no cambien las estructuras de la región, que por lo pronto parecen inamovibles, sólo conoceremos la pausa de un conflicto en espera del siguiente. Medio Oriente tiene que aprender a vivir en esas burbujas de tiempo. Pero nadie se detiene a pensar en esas estructuras. Hacerlo es pensar Medio Oriente.

Epílogo

Medio Oriente no funciona. Se puede pensar que tampoco lo hace Europa, Estados Unidos, América Latina o sistemas como el libre mercado o la economía centralizada.

Los momentos de no funcionamiento se encuentran en la historia de todas las civilizaciones. El antídoto al estancamiento siempre han sido los movimientos sociales —aunque en ocasiones su resultado haya sido adverso—. Movimientos sociales ha habido muchos, revoluciones, desarrollos intelectuales, ideológicos, etcétera. Cada uno de ellos, los buenos y los malos, cuando ha tenido alguna repercusión perdurable, ha tomado tiempo. Son y fueron el producto de discusiones, ideas, cohesiones y un sinfín de fracasos.

No ha existido uno solo de estos movimientos, de los que lograron hacer eco en la historia de nuestra especie, que no haya contado con ese ingrediente: tiempo. Ahí está la gran falla de las Primaveras árabes. También las posibilidades de triunfo del Daesh.

Las Primaveras, como buena expresión de nuestra época, carecieron de un período de reflexión, más allá del objetivo inicial, que fue el fin del autoritarismo o la búsqueda de equidad o libertad.

El Daesh —por lo anacrónico de sus estructuras, combinado, paradójicamente, con la capacidad para desenvolverse con los instrumentos modernos— da la impresión de que está sabiendo cómo darse el tiempo que no procuraron las "revoluciones" de 2011. Por eso, la necesidad de limitarlos lo antes posible. Para evitar que aprendan de sus errores.

Nota bibliográfica

Para los textos que conforman este libro, me acerqué, como siempre lo hago, a distintos autores, no sólo con la idea de aprender de otros puntos de vista, sino para tratar de discutir con sus posturas y, así, intentar resolver mis propias dudas.

Quizá como en ningún otro momento de mi vida, entablé un diálogo con mi madre, Ikram Antaki, a través de tres de sus libros, *La cultura de los árabes* (1988), *La tercera cultura* (1990), y claro, *Encuentro con Yasser Arafat* (1980).

Sobre todo para los primeros ensayos de este libro, donde abordo las nociones básicas de civismo, me apoyé en los textos de George Orwell, recopilados por Debate (2013) bajo el título de *Ensayos*. También en *Dios no es bueno* (2007) de Christopher Hitchens, no por una coincidencia absoluta con su crítica religiosa, sino porque estoy convencido de que hay ideas a las que sólo podemos llegar a través del pensamiento laico.

Soy del parecer de que el lenguaje es la mayor virtud de nuestra especie, y a partir de ésta es que logramos desarrollar las expresiones artísticas que muestran nuestras cualidades. ¿Sin lenguaje verbal habríamos podido desarrollar la pintura o la música al punto en que lo hemos hecho? No lo sé, tal vez en otro momento escriba sobre esta inquietud que a menudo ocupa mi cabeza. Por lo pronto, son dos las referencias para lo que aquí he escrito sobre la lengua árabe y todo lo que propició: *Anthologie de la littérature arabe contemporaine* (1963), de Abdel

Malek *et al.*, y *Les dix grandes odes arabes de l'Anté-Islam* (1979), de Jacques Berque. No puedo dejar de mencionar, también, el fantástico *Diccionario arábigo-español* (1934) de Miguel Sabbagh, que además, por su edad, me produjo los peores estornudos.

Hay un autor cuya obra —tanto sus novelas como sus ensayos— resulta imprescindible para aproximarse al mundo árabe: Amin Maalouf. *Le dérèglement du monde. Quand nos civilisations s'épuisent* (2009) —traducido al español como *El desajuste del mundo*— fue un libro que conocí hasta hace muy poco, gracias a la recomendación de una gran amiga, periodista. Si como ella todos los que hablamos de esa zona del mundo, o cualquier otra, leyéramos más allá de las noticias, es posible que saliéramos del conformismo que genera la brevedad de la información.

Quiero insistir en la necesidad de romper con la dicotomía árabe-judío, que nubla las posibilidades de pensamiento sobre Medio Oriente. Entre 2014 y 2015, Nir Baram realizó, para el periódico israelí *Haaretz*, un proyecto que lo llevó a recorrer el West Bank, los campamentos de refugiados en Gaza y diversas áreas entre Israel y Palestina, para conocer y reflexionar sobre la realidad de estos dos pueblos. *Walking the Green Line: 48 years of Occupation* (2015) puede consultarse en internet.

De la abrumadora infinidad de materiales que se han publicado últimamente sobre el Daesh, recomiendo, si se quiere un punto de vista plural e informado sobre el tema, *ISIS: Inside the Army of Terror* (2015), de Michael Weiss y Hassan Hassan. Espero que alguna editorial lo publique pronto en español.

A lo largo de varios años he leído y recomendado a algunos autores cuyos análisis son necesarios. En especial, en México, los textos de Mauricio Meschoulam en el periódico *El Universal*, e Isabel Turrent para *Letras Libres*. De los Emiratos Árabes Unidos, las colaboraciones de Hassan Hassan para *The National*, así como los artículos de Joshua Landis en *Foreign Affairs* y los de Sultan Al Qassemi para el *Middle East Institute* de Washington y el periódico inglés *The Guardian*.

Me rehúso a caer en cualquier forma de dogmatismo; su fervorosa tendencia a la negación me parece inaceptable. No estoy dispuesto a permitir que la ignorancia me lleve a afirmar cosas de las que no estoy informado. Mi ateísmo o agnosticismo parte de mis años formativos, pero se alimentó del estudio de las doctrinas. De manera recurrente, he intentado leer y releer los textos religiosos que mantengo en un librero de mi biblioteca. Ojalá tanto creyentes como no creyentes interesados en estos temas se aventuren a visitar o revistar la Biblia, el Corán y la Torá. En los tres libros encontrarán grandes coincidencias, algunas mencionadas en estas páginas y, tal vez, podrán descubrir, si es que se permiten una lectura con espíritu crítico, el disfrute que provoca enfrentarse a una que otra paradoja.

AGRADECIMIENTOS

A Héctor Aguilar Camín y Alejandro Páez.

A Gabriela Warkentin. Con ella desarrollé un serial de radio que dio origen al orden de estas páginas, que recopilan el trabajo de varios años.

Ana Sofía Rodríguez y Alejandro García Abreu, mis adorados editores y cómplices en la revista *Nexos*.

A Gerardo Valenzuela de *Foreign Affairs Latinoamérica*.

Romeo Tello A., quien de nueva cuenta fue el traductor que necesité para intentar acercarme a un lector. Su paciencia —inmensa—, conocimiento y capacidad para debatir y hacer dudar se encuentran a lo largo del libro.

A Ricardo Cayuela, el querido responsable de que se hayan reunido estos textos.

Un agradecimiento especial a Jacobo Dayán. Estoy en deuda con él. Gracias a su lectura y generosidad, este libro tiene menos imprecisiones. Si queda alguna, es mi responsabilidad. A lo largo del texto rescaté algunas frases e ideas que surgieron de nuestras conversaciones.

Pedro Sáez y Jorge G. Castañeda, como siempre.

Gonzalo Aguilar Zinser y Jürgen Beltrán.

Otoniel Ochoa y Leopoldo Gómez.

A los que me han ayudado a entender esta zona del mundo y con quienes de alguna forma la he compartido. Mauricio Meschoulam, Alberto Ruy Sánchez —a quien seguiré agradeciéndole por la bondad de sus palabras iniciales—, Carlos Puig, Gilberto Conde, Carlos Martínez Assad, Diego Gómez Pickering, Carlos Loret de Mola, Julio Patán, Yuriria Sierra y Karla Iberia Sánchez.

A Adriana.

A Marianne Fritsch y Marc Koralnik, de Liepman AG, por la confianza.

Marcela González Durán, Roberto Banchik, Mayra González, Jesús Grajeda, Svetlana Puig y todos en Penguin Random House.

Pensar Medio Oriente de Maruan Soto Antaki
se terminó de imprimir en mayo de 2016
en los talleres de
Litográfica Ingramex, S.A. de C.V.
Centeno 162-1, Col. Granjas Esmeralda, C.P. 09810 México, D.F.